社会科の授業改善 2

社会科授業4タイプから仮説吟味学習へ
— 「主体的・対話的で深い学び」の実現 —

岡﨑誠司 編著

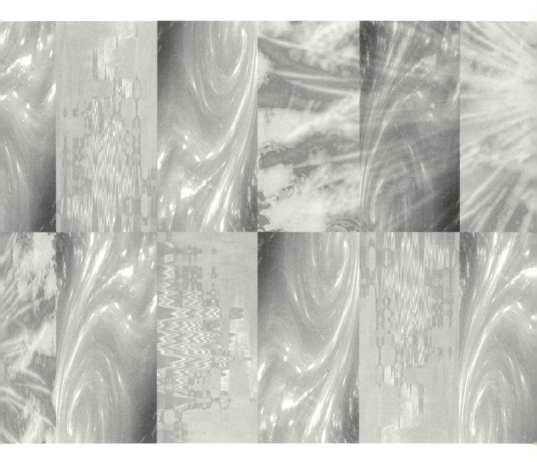

風間書房

は じ め に

「社会科授業を，どのようにつくったらよいのだろうか」

現場教師の多くは，こんな悩みを抱えているのではないだろうか。多くの教師は，社会科授業をつくるに際して，自らが過去受けてきた授業を想起したり，どこかで見たり読んだりした授業の真似をしたりしつつ，まさに手探り状態とはいえないだろうか。多くの授業者には，「こんな学力をつけたい」「こんな活動をさせたい」というイメージはあるものの，「なぜか」について説明することは難しく，「授業づくりの理論」といえるものは曖昧なのではないだろうか。そこで，本書を通して，現場教師たちにとって役立てることのできる「授業づくりの理論と方法」を示したい。それは，以下のような経験があるからだ。

筆者が広島大学附属小学校教員として迎えた授業研究会。公開授業後の協議会で，参観者から「子どもにとって切実な問題だったのか」「具体的な人間の姿がまだまだ…」，そして全く異なる意見が，参観者同士または参観者と授業者との間で次々出て，激しい意見のやりとりとなった。やがて大学教員になり，ある小学校の指導助言を担うことになった。公開授業後の協議会では，授業を賞賛する参観者がいる一方で真逆の批判的な参観者が存在し，双方言いっ放しの協議会となった。この二つの経験から共通していえることは，参観者が主観的な授業観および授業づくりの理論にあまりにも捕らわれており，異なった立場の参観者と合意をしようとしないことだ。そうではなくて，お互いの授業論を客観的に理解し合い，「この教材であれば…」「この子どもたちなら…」「今求められている学力は…」と何らかの共通テーマのもと，あるべき授業づくりに向かって，具体的に建設的に協議できないものだろうか，と考えている。

具体的建設的に協議するために必要なことは，授業者自身が，「なぜこのように単元をつくったのか」「なぜこの発問なのか」等説明できること，すなわち，授業づくりの理論を明らかにできることである。そうすれば，参観者は，授業の良さも問題点も見つけやすい。ところが，これまでの参観経験では，授業づくりの理論は，ほとんどブラックボックス化していて，見えないのである。

授業は，何らかの考えに基づいてつくられる。授業者固有の理論に従って，単元が構成され，発問がつくられ，教材や資料が選択される。現場教師が，授業づくりの理論を一つでも多く共有し，その活用法について実践を通して検討することが，授業改善には必要である。そこで，本書前半では，これまで歴史と研究が積み重ねられてきた社会科授業4タイプの授業づくりの理論を示したい。それが，「問題解決」型，「理解」型，「説明」型，「意思決定」型という4タイプの社会科授業である。それらには，授業や社会の捉え方等，特色があり，問題もある。近年は，新たに「議論」「社会参加」をキーワードとする授業づくりも注目されているが，紙面の都合上触れることはできていない。

　筆者が，本書後半で新たな授業づくりとして提起する学習論が，仮説吟味学習である。この学習論は，既に挙げた4タイプの授業づくりを否定するものではなく，問題を克服するものである。また，それらとは全く異なった新しい授業を創造するものである。本書では，仮説吟味学習による授業づくりを説明するとともに，筆者自身による実験授業の成果として，仮説吟味学習の開発単元を実践例として提起している。さらには，「理解」型，「説明」型，「意思決定」型のそれぞれの授業を仮説吟味学習によって作り替え実践した授業も提起した。最後に，富山大学人間発達科学部附属小中学校の先生方の実践による仮説吟味学習単元も提起することができた。これらが多くの先生方の批判，分析の対象となることを望んでいる。なお，平成29年版学習指導要領社会が明らかになった。そこで，学習指導要領社会がめざす授業づくりを筆者なりに解釈して示した。これも批判の対象となるのであれば幸いである。

　本書は，拙著『変動する社会の認識形成をめざす小学校社会科授業開発研究』（風間書房）の研究成果に基づいている。併せて，忌憚のないご意見をいただけると幸いである。末筆になったが，拙著『社会科の授業改善1　見方考え方を成長させる社会科授業の創造』に引き続いて，本書出版の機会を与えていただいた風間書房社長・風間敬子氏のご厚意に心よりお礼を申し上げたい。

　　　2018年8月　　　　　　　　　　　　　　　　　　　　岡﨑　誠　司

◊◊ 目　次 ◊◊

はじめに ……………………………………………………………………… i

序章　今，求められる新社会科授業像 …………………………… 1

1　平成 29 年版学習指導要領で求められる社会科授業像 ……………… 1
2　「主体的・対話的で深い学び」とは何か ……………………………… 4
　(1)「主体的な学び」とは何か ……………………………………………… 4
　(2)「対話的な学び」とは何か ……………………………………………… 5
　(3)「深い学び」とは何か …………………………………………………… 6
　(4)「主体的・対話的で深い学び」が目指すもの ……………………… 8
3　「社会的な見方・考え方を働かせる」授業づくりと課題 …………… 9
　(1)「社会的な見方・考え方を働かせる」の定義 ……………………… 9
　(2)「社会的な見方・考え方を働かせる」授業づくり 4 段階 ………… 11
　(3)　授業づくりの課題 ……………………………………………………… 14

Ⅰ　社会科授業 4 タイプとミクロ・マクロな社会の捉え方 ……… 19

1　社会認識のための 4 タイプ …………………………………………… 19
2　「問題解決」型授業によって「ミクロなレベルで社会を捉える」…… 20
3　「理解」型授業によって「ミクロなレベルで社会を捉える」……… 22
4　「説明」型授業によって「マクロなレベルで社会を捉える」……… 23
5　「意思決定」型授業によって「マクロなレベルで社会を捉える」… 24

目次

Ⅱ 社会科授業4タイプの特色 …… 27

1 「問題解決」型社会科授業の特色と問題―切実な問題の解決へ
　自主的自発的活動で社会がわかる3年「ゴミの学習」― …… 27
　(1) 「問題解決」型社会科授業の特色 …… 27
　(2) 「問題解決」型社会科授業の実際 …… 31
　(3) 「問題解決」型社会科授業の問題点 …… 35
　(4) 「問題解決」型社会科授業の問題点解決への対策 …… 36

2 「理解」型社会科授業の特色と問題―感情移入・追体験・共感的
　理解すると社会がわかる6年「豊臣秀吉」― …… 38
　(1) 「理解」型社会科授業の特色 …… 38
　(2) 「理解」型社会科授業の実際 …… 39
　(3) 「理解」型社会科授業の問題点 …… 45
　(4) 「理解」型社会科授業の問題点解決への対策 …… 46

3 「説明」型社会科授業の特色と問題―因果（条件予測）関係を
　説明し社会がわかる5年「工業生産と貿易」― …… 48
　(1) 「説明」型社会科授業の特色 …… 48
　(2) 「説明」型社会科授業の実際 …… 51
　(3) 説明型授業「工業生産と貿易」の学習内容 …… 55
　(4) 説明型授業「工業生産と貿易」の概要 …… 58
　(5) 子どもの身につける社会認識 …… 60
　(6) 「説明」型社会科授業の問題点 …… 61
　(7) 「説明」型社会科授業の問題点解決への対策 …… 62

4 「意思決定」型社会科授業の特色と問題―「最善策の選択＝意思決定」
　すると社会がわかる5年「今後の食料生産」― …… 64
　(1) 「意思決定」型社会科授業の特色 …… 64

(2)「意思決定」型社会科授業の実際 …………………………… 66
　　(3)「意思決定」型社会科授業の問題点 …………………………… 74
　　(4)「意思決定」型社会科授業の問題点解決への対策 …………… 75

　5　社会科授業4タイプの異同と生かし方 ……………………………… 77
　　(1) 社会科授業4タイプの異同 ……………………………………… 77
　　(2) 社会科授業4タイプの生かし方 ………………………………… 80

Ⅲ　仮説吟味学習による授業づくり ……………………………………… 83

　1　仮説吟味学習とは何か ………………………………………………… 83
　　(1) 仮説吟味学習の定義 ……………………………………………… 83
　　(2) 仮説吟味学習の特色 ……………………………………………… 84
　　(3) 仮説吟味学習の学習過程 ………………………………………… 85

　2　平成29年版学習指導要領における仮説吟味学習の意義 ………… 87
　　(1)「主体的な学び」の実現 ………………………………………… 87
　　(2)「対話的な学び」の実現 ………………………………………… 88
　　(3)「深い学び」の実現 ……………………………………………… 88

　3　仮説吟味学習による授業づくりを実現する方法 ………………… 89
　　(1) 教材の選択と構造化 ……………………………………………… 89
　　(2)「深い学び」を実現する探求プロセス ………………………… 91

Ⅳ　仮説吟味学習の授業モデル
　　―6年生単元「平城京と奈良の大仏」の開発― ……………………… 99

　1　単元開発の目的 ………………………………………………………… 99
　2　単元「平城京と奈良の大仏」の学習内容 ………………………… 100

3　単元「平城京と奈良の大仏」の開発 …………………………………… 102
　　　(1) 単元目標 ……………………………………………………………… 102
　　　(2) 学習指導過程 ………………………………………………………… 104
　　　(3) 「単元づくりの基本的考え方」と授業の実際 …………………… 108
　　4　授業づくりのポイント ………………………………………………… 119
　　　(1) 教材の選択と構造化 ………………………………………………… 119
　　　(2) 「深い学び」を実現する探求プロセス …………………………… 119

V　仮説吟味学習による授業改善 ……………………………………… 123

　　1　「理解」型6年生単元「豊臣秀吉」の授業改善 …………………… 123
　　　(1) 単元「豊臣秀吉」で学ばせたい社会変動 ………………………… 123
　　　(2) 仮説吟味学習単元「豊臣秀吉」の開発 …………………………… 126
　　　(3) 授業の実際 …………………………………………………………… 130
　　2　「説明」型5年生単元「工業生産と貿易」の授業改善 …………… 135
　　　(1) 単元開発の目的 ……………………………………………………… 135
　　　(2) 仮説吟味学習単元「工業生産と貿易」の開発 …………………… 135
　　　(3) 授業の実際 …………………………………………………………… 137
　　3　「意思決定」型5年生単元「今後の食料生産」の授業改善 ……… 140
　　　(1) 単元開発の目的 ……………………………………………………… 140
　　　(2) 仮説吟味学習単元「今後の食料生産」の開発 …………………… 141
　　　(3) 授業の実際 …………………………………………………………… 144

VI　仮説吟味学習による単元開発 ……………………………………… 145

　　1　4年生単元「伝統的資源を生かす地域―富山県高岡市金屋町―」
　　　　の開発 …………………………………………………………………… 145

- (1) 単元「伝統的資源を生かす地域―富山県高岡市金屋町―」の学習内容 …………………………………………………………………… 145
- (2) 単元「伝統的資源を生かす地域―富山県高岡市金屋町―」の開発 …………………………………………………………………… 147
- (3) 単元の構成 ……………………………………………………… 149
- (4) 授業づくりのポイント ………………………………………… 151

2　5年生単元「わたしたちの生活と森林」の開発 …………………… 153
- (1) 単元「わたしたちの生活と森林」の学習内容 ………………… 153
- (2) 単元「わたしたちの生活と森林」の開発 ……………………… 155
- (3) 単元の構成 ……………………………………………………… 157
- (4) 第5時「立山町はどのような取組をしているのだろう」の実際 … 158

3　中学3年生単元「高まるデモクラシーの意識―米騒動―」の開発 ………………………………………………………………………… 161
- (1) 単元「高まるデモクラシーの意識―米騒動―」の学習内容 ……… 161
- (2) 単元「高まるデモクラシーの意識―米騒動―」の開発 …………… 164
- (3) 単元の構成 ……………………………………………………… 166
- (4) 生徒の仮説の変容 ……………………………………………… 167

【執筆者と分担】（執筆順）

岡﨑誠司　富山大学人間発達科学部教授　（序章　ⅠⅡⅢⅣⅤ章）
阿久津理　富山大学人間発達科学部附属小学校教諭　（Ⅵ章　1）
岩山直樹　富山大学人間発達科学部附属小学校教諭　（Ⅵ章　2）
龍瀧治宏　富山大学人間発達科学部附属中学校教諭　（Ⅵ章　3）

序章　今，求められる新社会科授業像

1　平成29年版学習指導要領で求められる社会科授業像

　まずはじめに，今求められている「学力」について，学校教育法第30条第2項（平成29年5月改正）より確認しよう。（下線は筆者による）

> （筆者省略）生涯にわたり学習する基盤が培われるよう，基礎的な知識及び技能を習得させるとともに，これらを活用して課題を解決するために必要な思考力，判断力，表現力その他の能力をはぐくみ，主体的に学習に取り組む態度を養うことに，特に意を用いなければならない。

　それまでの学力論争を経て，法律により学力は「知識及び技能」「思考力，判断力，表現力等」「主体的な学習態度」と規定された。それを受けて平成29年版学習指導要領では，各教科等において育成すべき資質・能力を以下3点明示している[1]。

> (1) 知識及び技能が習得されるようにすること。
> (2) 思考力，判断力，表現力等を育成すること。
> (3) 学びに向かう力，人間性等を涵養すること。

　そして，これら「(1)から(3)までに示すことが偏りなく実現されるよう，（中略）主体的・対話的で深い学びの実現に向けた授業改善を行うこと。（筆者省略）児童が各教科等の特質に応じた見方・考え方を働かせながら，（中略）過程を重視した学習の充実を図ること」（下線は筆者による）が求められている[2]。今学校現場では，「主体的・対話的で深い学びとは，何か」「見方・考え方を働かせるとは，どういうことか」「授業改善は，具体的にはどのように進めれば

よいのか」等，明らかにすることが求められる。そこで，これらの課題を解明しつつ，かねてより筆者が提唱する仮説吟味学習がどのように授業を改善することができるのか，具体的な授業づくりの方法と実際を示したい。

平成29年版学習指導要領の『解説　社会編』の「社会科，地理歴史科，公民科の改善の基本方針及び具体的な改善事項」（以下，「改善の基本方針及び具体的な改善事項」と略記）の第一項には，以下のように記されている[3]。

> 社会科，地理歴史科，公民科では，社会との関わりを意識して課題を追究したり解決したりする活動を充実し，知識や思考力等を基盤として社会の在り方や人間としての生き方について選択・判断する力，自国の動向とグローバルな動向を横断的・相互的に捉えて現代的な諸課題を歴史的に考察する力，持続可能な社会づくりの観点から地球規模の諸課題や地域課題を解決しようとする態度など，国家及び社会の形成者として必要な資質・能力を育んでいくことが求められる。

この記述から，社会科が育成するべき「国家及び社会の形成者として必要な資質・能力」と「学習活動」は，以下のように整理できるだろう。

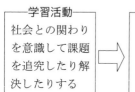

・社会の在り方や人間としての生き方について選択・判断する力
・現代的な諸課題を歴史的に考察する力
・地球規模の諸課題や地域課題を解決しようとする態度

図1　社会科が育成するべき資質・能力と学習活動

この図を見ると，社会科とは，「社会的課題を追究・解決する活動を通して，判断・考察する能力とともに課題解決の態度を身につける」教科であるといえる。振り返ってみれば，そもそも社会科は，戦後，民主主義社会の形成を担う人間を育成する中核教科として新設された教科である。戦後70年経った今でも，民主主義社会の形成者として必要な資質・能力の育成を担っていることは

1　平成29年版学習指導要領で求められる社会科授業像

変わらない。ただし，現代社会は急激に変動する社会であり，今後ますます加速度的に変わっていくであろう。そして，社会の在り方や様々な課題に対して一人ひとりが自律的合理的に判断を行い，より多くの他者と合意形成を図りながら行動することが求められる。その基盤となるものが，社会的な見方・考え方であり，社会認識である。

図2は，社会科がこれまでも，そしてこれからも育成することが求められている公民としての資質・能力と社会認識との関係を図式化したものである。後述するように，「改善の基本方針及び具体的な改善事項」には，「個別の事実等に関する知識」「概念等に関わる知識」といったキーワードが何度も記述され，その獲得が求められている。前者は，具体的で個別的な社会的事象・出来事を意味しており，それらを比較・関連付けることによって，汎用性のある概念または理論としての知識が獲得できる。この両者を獲得することが事実認識であり，それらに基づいて価値という知識を獲得することが価値認識である。この両方の認識を合わせて「社会認識」とする。なお，筆者は前著『見方考え方を成長させる社会科授業の創造』（風間書房，29頁）において，子どもに学ばせたい内容を「～である」という命題の形にして図式化し，学習指導案に明示す

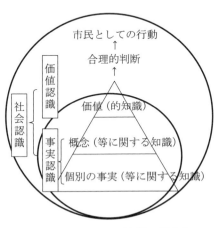

図2　公民としての資質・能力と
社会認識との関係

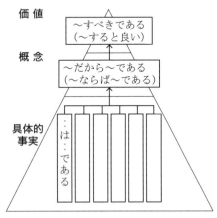

図3　社会的見方・考え方の成長過程図
（知識の構造図）－基本形－

3

ることを提案した。(図3,一部修正)図2は,図3を加筆修正している。

公民としての資質・能力とは,「国家及び社会の形成者として必要な資質・能力」であり,「市民としての行動」がとれることである。それは,社会認識を形成した上での合理的判断に基づいて行われる。これまでの社会科では,公民としての資質・能力の直接的な育成,すなわち「市民としての行動」を直接求めるものではなく,図2の小さな円で示した社会認識の形成にとどまりがちであった。ただし,これからの社会科は,図2の大きな円で示した合理的判断や「市民としての行動」をも視野に入れた授業づくりが求められるだろう[4]。

したがって,今求められる社会科授業像は,以下のように定義できるだろう。

> 急激に変動する社会の在り方や社会が抱える課題に対して,合理的な判断を行い,より多くの他者が合意してくれるであろう「市民としての行動」を選択できるようになるために必要な社会認識を形成する授業

このような授業を実現するために,「主体的・対話的で深い学びとは,何か」「見方・考え方を働かせるとは,どういうことか」について,明らかにしたい。

2 「主体的・対話的で深い学び」とは何か

(1)「主体的な学び」とは何か

「主体的な学び」については,「改善の基本方針及び具体的な改善事項」に以下のように説明されている[5]。

> 主体的な学びについては,児童生徒が学習課題を把握しその解決への見通しを持つことが必要である。そのためには,単元などを通した学習過程の中で動機付けや方向付けを重視するとともに,学習内容・活動に応じた振り返りの場面を設定し,児童生徒の表現を促すようにすることなどが重要である。

「主体的な学び」については，これまでの研究成果において，「学習動機の主体性」「学習活動の主体性」「認識の主体性」が明らかにされており[6]，ここでの説明は，まさにこの3つに該当する。

第1の「学習動機の主体性」については，「改善の基本方針及び具体的な改善事項」の中で，「児童生徒が学習課題を把握し」「動機付け（省略）を重視する」と説明されている。つまり，ここでは子どもが自ら学ぼうとすること，いわゆる内発的動機付けを重視することが指摘される。具体的には，地域素材の教材化や身近な事例の教材化が想定される。

第2の「学習活動の主体性」については，ここでは，「解決への見通しを持つことが必要である」「方向付けを重視する」「児童生徒の表現を促す」と説明されている。具体的には，子どもの現地調査や資料の読み取り，調査結果のまとめや発表が想定される。

第3の「認識の主体性」については，ここでは，「振り返りの場面を設定」することが求められている。子どもは学習のはじめの段階で，既に社会的な見方・考え方，言い換えれば概念・理論や価値を持っている。ただしそれらは，生活経験やそれまでの学習で獲得したものであって，誤りであったり曖昧なものであったりする。子どもには学習を通して，自らの概念・価値の誤りや曖昧さに気づかせたい。そして，「振り返りの場面」において，自らの認識を修正したり授業で獲得した概念・価値を使って新しい認識を形成したりできれば，それはまさに主体的な認識形成ということができよう。

（2）「対話的な学び」とは何か

「対話的な学び」については，「改善の基本方針及び具体的な改善事項」に以下のように説明されている[7]。

> 対話的な学びについては，例えば，実社会で働く人々が連携・協働して社会に見られる課題を解決している姿を調べたり，実社会の人々の話を聞いたりする活動の一層の充実が期待される。（筆者省略）

「対話」というと、「教師と子どもの対話」「子どもと子どもの対話」が常識的であろう。前者は、問答学習とか質疑応答学習とかいうことができる。後者は、いわゆる話し合い活動とか討論といえる。ただし、ここで注目したいのは、この記述によると「実社会で働く人々の活動や課題」が教材となっており、子どもがその教材と対話することが「期待される」という点である。実際の多くの授業では、「教師と子どもの対話」にほとんどの時間が割かれているのではないだろうか。教師が正解を示して子どもがその理由を考え答える。または、子どもが自らの考えを示して、教師が正解か否か答える。このような「対話」からは新たな知識は生まれることはなく、子どもは既に存在する「正解」を探り当てることになる。こういった「正解を知っている教師」と「正解を当てようとする子ども」によって構成される授業ではなく、子どもが教師の支援を受けながら真理、または新たな知識を探求していく、いわば研究としての授業が目指されるのである。子どもが教材に対して自らの疑問を問いかけたり、教材に対して自らの新たな解釈をしたりすることが「真理の探求過程としての授業」では想定される。このような第3の「対話」すなわち「教材と子どもの対話」が期待されている。

(3)「深い学び」とは何か

「深い学び」は、「概念等に関わる知識を獲得する」ことといえる。「改善の基本方針及び具体的な改善事項」に以下の説明がある[8]。（下線は筆者による）

> これらのことを踏まえるとともに、深い学びの実現のためには、「社会的な見方・考え方」を用いた考察、構想や、説明、議論等の学習活動が組み込まれた、課題を追究したり解決したりする活動が不可欠である。具体的には（筆者省略）主として用語・語句などを含めた<u>個別の事実等に関する知識</u>のみならず、主として社会的事象等の特色や意味、理論などを含めた社会の中で汎用的に使うことのできる<u>概念等に関わる知識</u>を獲得するように学習を設計することが求められる。（筆者省略）

「深い学び」は，知識とその獲得方法の2つに分けるとわかりやすい。ここでは，知識は，「個別の事実等に関する知識」と「概念等に関わる知識」（上記下線部）が挙げられる。前者は，時間・空間・相互関係などに着目した個別的事象の事実を記述した命題であり，転移・応用はむずかしい。例えば，「いくつかの組立工場を中心に部品工場が集まり，工業が盛んな地域を形成している」といった知識が挙げられる[9]。これは，愛知県豊田市のトヨタ自動車組立工場周辺の工場配置を記述していると，推測される。ただしこの命題は，全国の工業地域に転移しようとするとむずかしい。後者は，社会的事象相互の関係などを特色や意味，理論として説明した命題であり，転移・応用いわゆる汎用的に使うことができる。例えば，「駅の周囲は交通の結節点なので人が多いため商業施設が集まっている」といった因果関係を説明した知識が挙げられる。この命題は，全国の商業施設が集まっている地域の因果関係を説明する命題といえるのではないだろうか。駅の周囲に限らず交通の結節点であれば多くの施設が集まっている。例えば，全国各地で，高速道路と国道など交通量の多い交通の結節点には，商業施設ばかりかホテルや物流拠点も集まる傾向がある。

　「個別の事実等に関する知識」を獲得するには，例えば「どのように広がっているのだろう」といった「どのような」発問で，調査や資料の読み取りといった方法をとることが有効だろう。一方，「概念等に関わる知識」を獲得するには，例えば「なぜこの場所に集まっているのだろう」のような「なぜ」発問によって，「事実等に関する知識」を比較したり，分類したり，関連付けたりする方法をとることが，有効だ。

　なお，平成29年版学習指導要領では，「選択・判断する力」の育成を求めており，これは小学校社会科の教科目標にも全学年の目標にも明記されている。中央教育審議会初等中等教育分科会教育課程部会（平成28年8月26日）の資料「別添3-5」を見ると，例えば「どのように続けていくことがよいのだろう」という問いによって，「伝統と文化は受け継ぐだけでなく時代に合わせ発展させていく必要がある」という価値的知識が獲得されることが例示されている。以下に，例示されている知識を記載しよう。（下線部は，本稿で取り上げた例示）

> - いくつかの組立工場を中心に部品工場が集まり，工業が盛んな地域を形成している
> - 駅の周囲は交通の結節点なので人が多いため商業施設が集まっている
> - 国土の地理的位置や地形，台風などの自然条件によって気候は異なる
> - 祭りは地域の豊作や人々のまとまりへの願いから始まった
> - 農作業は機械化により生産効率を向上させてきた
> - 伝統芸能は技や道具が継承されるとともに，多くの人々に受け入れられて今に至っている
> - 地域の安全は，関係機関の未然防止と緊急対処によって守られている
> - 食料生産は私たちの食生活を支える役割を果たしている
> - 政治には国民生活の安定と向上を図る働きがある

> - 伝統と文化は受け継ぐだけでなく時代に合わせ発展させていく必要がある
> - 世界の人々と共に生きるには，文化や考え方の違いを認め合い，課題を解決しながら理解し合っていくことが大切である

　ここに示したように，資料「別添3-5」では，「小学校社会」において「獲得する知識の例」として11例が挙げられているが，そのうち前半の9例が「個別の事実に関する知識」「概念に関わる知識」である。そして，後半の2例が価値的知識である。したがって，「個別の事実等に関する知識」「概念等に関わる知識」における「等」とは，具体的には「個別の事実」や「概念」以外の何を指しているのかといえば，「価値」なのだろうと推測することができる。

（4）「主体的・対話的で深い学び」が目指すもの

　小学校現場では，「主体的な学び」「対話的な学び」は，数多くの実践例がある。そこで今回の改訂では，「主体的・対話的な学び」を見直しつつ，なおかつ「深い学び」を実現することにこそ，ねらいがあるといえるだろう。すなわち，「個別の事実等に関する知識」にとどまることなく，「概念等に関わる知

識」を獲得した子どもたちがそれらを社会の中で汎用的に使うことのできるように,「学習を設計することが求められる」のである。

3 「社会的な見方・考え方を働かせる」授業づくりと課題

(1)「社会的な見方・考え方を働かせる」の定義

まず,平成29年版学習指導要領における基本的な考え方を確認しておこう。以下の図4は,中央教育審議会答申（2016年12月）において示された資料「学習指導要領改訂の方向性」[10]を簡略化した図である。平成29年版学習指導要領では,「何ができるようになるか」という目標＝学力を上位に置いて,それを達成するために,「何を学ぶか」という内容,そして「どのように学ぶか」という方法が手段として位置付いている。内容はこれまで学習指導要領において,目的とされていたが,手段としての位置づけへと変わり,方法等との関係は,図4のように,三角構造で示すことができる[11]。

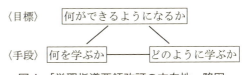

図4 「学習指導要領改訂の方向性」略図

さて,「社会的な見方・考え方を働かせる」ことは,小学校及び中学校社会科の目標の柱書部分に位置付いており,資質・能力全体に関わるものである。では,「社会的な見方・考え方を働かせる」とはどういうことなのだろうか。それは,学習指導要領において,以下のように定義されている。ここでは,2018年2月,文部科学省HPにおいて,PDF形式のファイルとして公開されていた「小学校学習指導要領解説 社会編 平成29年6月」（19頁）より,抜粋しよう[12]。（下線は筆者による）

（筆者省略）「社会的な見方・考え方を働かせ」ることは,<u>視点や方法（考え方）</u>を用いて,<u>調べ,考え,表現して</u>,<u>理解したり,学んだことを社会生活に生かそう</u>としたりすることなどである。

この定義を「何ができるようになるか」「何を学ぶか」「どのように学ぶか」という3観点から図式化すれば，図5のように示すことができる。

視点や方法を用いる → 〔調べる　考える　表現する〕 → 〔理解する　学ぶ〕 → 社会生活に生かそうとする

　　　　　　　どのように学ぶか　　　　　　何を学ぶか　　何ができるようになるか

← 社会的な見方・考え方の働かせ方A →
←―――― 社会的な見方・考え方の働かせ方B ――――→
←―――――― 社会的な見方・考え方の働かせ方C ――――――→

図5　社会的な見方・考え方の働かせ方　3種類

　上記定義の下線部と図5をあわせてご覧いただきたい。定義にみられる「視点や方法を用いて，調べ，考え，表現」することは，図4の「どのように学ぶか」という方法を示している，といえるだろう。こういった方法を通して，「理解したり，学んだ」結果，個別の事実や概念，価値を身につけるであろう。それらは，図4の「何を学ぶか」という内容だ，といえるだろう。最終的には，「社会的な見方・考え方を働かせる」ことは，「調べる」「考える」「表現する」という方法を通して，「理解したり，学んだ」結果，身につける個別の事実や概念，価値を「社会生活に生かそうとする」子どもの育成を目指すのである。この定義は，社会的な見方・考え方の働かせ方を特定しているわけではない。ただし，この定義を図5のように構造化すると，3種類の社会的な見方・考え方の働かせ方が想定されるだろう。

　社会的な見方・考え方の働かせ方Aは，「視点や方法を用いて，調べ，考え，表現すること」であり，結果的に個別の事実を学ぶことにとどまることもある。

　社会的な見方・考え方の働かせ方Bは，「視点や方法を用いて，調べ，考え，表現することを通して，個別の事実にもとづく概念や価値を理解し，学ぶこと」である。

　社会的な見方・考え方の働かせ方Cは，「視点や方法を用いて，調べ，考え，表現することを通して，理解し，学んだ結果獲得した個別の事実や概念，価値

を社会生活に生かそうとすること」」である。

「社会的な見方・考え方の働かせ方A」よりは、「社会的な見方・考え方の働かせ方B」の方が、レベルは高い。そして、「社会的な見方・考え方の働かせ方B」よりは、「社会的な見方・考え方の働かせ方C」の方がレベルは高い。

(2)「社会的な見方・考え方を働かせる」授業づくり4段階

平成20年版学習指導要領社会では、「社会的な見方や考え方を成長させること」が求められていたにもかかわらず、その定義はなされなかったため、筆者は、前著『見方考え方を成長させる社会科授業の創造』（風間書房）において、その定義および、求められる具体的な授業像、授業づくりの実際を提起した。平成29年3月に告示された学習指導要領においても「社会的な見方・考え方」はキーワードであり、新たに定義づけられた。ここでは、平成29年版学習指導要領の記載内容をもとに、「社会的な見方・考え方とは何か」を確認するとともに、この学習指導要領に沿うと、どのような授業づくりが想定されるのか、考えてみよう。

「社会的な見方・考え方」は、『小学校学習指導要領（平成29年告示）解説 社会編』（日本文教出版）で、以下のように説明される。（下線部は、筆者作成図6のゴシック部分）

(7頁)「社会的な見方・考え方」は社会的事象等を見たり考えたりする際の視点や方法であり、時間、空間、相互関係などの視点に着目して事実等に関する知識を習得し、それらを比較、関連付けなどして考察・構想し、特色や意味、理論などの概念等に関する知識を身に付けるために必要となるものである。

(136頁)「社会的事象の見方・考え方」は、社会的事象の特色や相互の関連、意味を考えたり、社会に見られる課題を把握して、その解決に向けて社会への関わり方を選択・判断したりする際の「視点や方法（考え方）」である。

この記述内容から，新しい社会科の目指す子ども像がみえてくる。これまでの社会科授業は，学校という閉じられた空間で共有される知識（価値）を身に付けさせることにとどまっていた，といえはしないだろうか。そこで身に付けた知識（価値）は，テストが終われば，往々にして忘れ去られてしまう。ただし，これからの社会科授業で身に付ける知識（価値）は，社会という開かれた世界で使われるためにこそ，ある。「社会に見られる課題」の「解決に向けて社会への関わり方を選択・判断したりする際」に活用するために，学校で学ぶのである。その象徴的なキーワードが「社会的な見方・考え方を働かせ」ることである。「見方・考え方を働かせ」ることは，小学校社会科の教科目標および各学年の目標のはじめに位置づけられ，それは，中学校社会科各分野の目標においても同様である。「見方・考え方を働かせ」ることを教科指導でどのように実現するか，は喫緊の課題である。

そこで，ここでは，「社会的な見方・考え方を働かせる」授業をどのようにつくったらよいのか，学習指導要領のキーワードを踏まえつつ基本的なプロセスを提起しよう。

以下の図6を左下から右上へと黒い矢印➡⬆に沿ってご覧いただきたい。社会的な見方・考え方は，「視点や方法である」とされる。ただし，資質・能力を育成する上で重要なのは，「社会的な見方・考え方を働かせる」ことである。ここでは，社会的な見方・考え方を働かせる授業には，4段階があることを提起したい。

まず第1段階は，分布など「位置や空間的な広がり」や起源など「時期や時間の経過」，さらには「相互関係」といった視点[13]に着目して，「どのような」発問などのもと，調査や情報の読み取りなどを通して，社会を知る，気づく段階である。前項で示した「社会的な見方・考え方の働かせ方A」が，この段階に当たる。この段階では，個別の事実（等に関する知識）を習得することにとどまる。例えば，問い「商業施設は，どのように広がっているのだろう」に対して，「○○駅の周囲に商業施設が広がっている」という個別の事実を知る，という例が挙げられる。

3 「社会的な見方・考え方を働かせる」授業づくりと課題

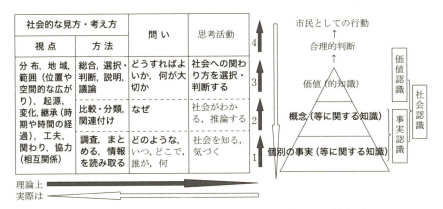

図6 「社会的な見方・考え方を働かせる」授業づくりの基本プロセス
（ゴシック部分は『小学校学習指導要領解説　社会編』および本書11頁下線部より）

　第2段階は，何らかの視点に着目して，数多い個別の事実を比較したり関連付けたりしながら，「なぜ」発問のもと，社会がわかる，推論する段階である。前項で示した「社会的な見方・考え方の働かせ方B」が，この段階に当たる。この段階では，概念（等に関する知識）を獲得することをめざす。例えば，問い「なぜこの場所に商業施設は集まっているのだろう」に対して，「駅の周囲は交通の結節点なので人が多いため商業施設が集まっている」という概念を獲得する，という例が挙げられる。この命題は，各地で適用可能な汎用性ある知識であるため，概念といえる。

　第3段階は，「どうすればよいか」発問のもと，子どもたちは，数多い個別の事実や概念を総合し，お互いの意見を説明しあったり議論したりしながら，最終的には，社会への関わり方を選択・判断する段階である。前項で示した「社会的な見方・考え方の働かせ方C」が，この段階に当てはまる。この段階では，概念ばかりではなく，さまざまな価値（的知識）を学び，それをもとに選択・判断するのである。例えば，問い「今後，この町の活性化を図るには，どうすればよいか」に対して，「新しく設置された駅の周囲を交通の結節点とすれば，人が多く集まり商業施設が集まるだろう。したがって，駅周辺の道路

13

整備等に税金を使うことが必要だ」という選択・判断を行う，という例が挙げられる。

　第4段階は，前項で示した「社会的な見方・考え方の働かせ方C」の具体的行動化である。現実社会に存在する課題に対して，それまでの学習で身に付けた個別の事実や概念，価値にもとづいて解決策をつくり，それを社会に向けて提案したり直接実行に移したりする段階である。この段階では，「市民としての行動」が期待される。例えば，問い「今後，この町の活性化を図るため，私たちにできることは何か」に対して，「新駅の利用者を増やして人が集まるようにするために，新駅と町の中心部とを結ぶバスや路面電車の便数を増やして欲しいと市役所へお願いする」という子どもたちのアイデアを直接行政へ提案することが想定される。

　以上，黒い矢印のように，何らかの視点に着目して問いを設定し，子どもに思考させつつ社会認識を形成するというプロセスが，理論上は授業づくりのプロセスといえるだろう。ただし，実際の授業づくりにおいては，白い矢印⇩⇨のような手順もあるだろう。書籍を読んだり現地調査したりといった教材研究[14]によって，教師は，子どもたちに身に付けさせたい概念や価値が見えてきたり，子どもたちに行動させたい具体的な姿が想定されたりする。そうして，子どもを「市民としての行動」へと導くには，「こんな問いを持たせたい」「こんな視点や方法が良いだろう」と授業をつくっていくこともあるだろう。授業づくりには，唯一絶対の「正しいプロセス」「あるべきプロセス」は存在しない。図6に示したプロセスは，あくまでも基本プロセスに過ぎない。

（3）授業づくりの課題

　図6で示した基本プロセスは，授業づくりの参考にはなるだろう。ただし，授業者が考えなければならないことは，他にもある。ここでは，社会科授業づくりの課題を2点指摘しておきたい。

　第一の課題は，学習問題の設定の仕方や仮説の設定・吟味のさせ方が，現場に一任されていることである。学習指導要領では，「問い」（学習問題）を設定することや子どもが「見通しを持つこと」を求めている。ただし，どのような

学習問題を設定すればよいのか。それは，なぜか。どのように仮説を設定させればよいのか。それはなぜか。このような疑問に対する答えは，学習指導要領には見られない。それは，現場に任されているのである。6頁にて確認したように，「深い学び」とは，「概念等に関わる知識を獲得する」ことである。それには，深いアプローチが必要である。浅いアプローチとは，「記憶する」「文章を理解する」等の活動であり，その結果，「個別の事実等に関する知識」を獲得することはできる。一方，深いアプローチとは，「仮説を立てる」等の活動である[15]。資料収集や比較，関連付けなどは，「仮説を立てる」活動で生かしたい。実際の授業では，子どもたちにどのような仮説を立てさせればよいのか。こういった疑問に答えることができなければ，「深い学び」を実現することはできない。

　第二の課題は，「授業をどうやってつくろうか」と考えることとは別に，「そもそも授業をどう捉えるのか」という授業論や，「社会科における社会認識とは何か」という社会認識論を授業者個々人が考えることである。

　社会科とは，何か。一言で表現するならば，社会科とは，「社会認識を通して市民的資質を育成する」[16]教科である。社会科にとって，「社会認識」を外すことはできない。つまり，社会科とは，「社会がわかる」ための教科なのである。では，どうすれば社会がわかるのだろうか。そもそも，対象とする「社会」とは，どのようなものなのだろうか。そういった社会認識論や授業論すなわち授業をつくる上での考え方が，授業者によって大きく異なっているのではないだろうか。いや，そもそも授業論や社会認識論を意識することなく，授業は実践され，参観・協議されている。それこそが，実態であり，課題であろう。

　筆者が数多く参観する教育実習生の授業では，残念ながら，前項で示した「社会的な見方・考え方を働かせる」授業づくり・第1段階にとどまる授業が多い。または，授業の形は第3・4段階だとしても，子どもたちの議論や判断は，それまで学習してきたはずの概念や個別の事実に基づかない，根拠の薄弱なものであることが多い。現場でも，そんな授業がありはしないだろうか。その原因には，授業者が授業をつくる上での考え方を持っていないことが挙げら

れる。現場教師は，子どものことを理解しようと一生懸命に努めている。また，何を教えるべきか，教材研究にも励んでいる。ただ，授業をつくる上での考え方，すなわち授業づくりの理論を意識していないことが多いだろう。

　平成29年版学習指導要領で示されている「社会的な見方・考え方を働かせる」授業のつくり方は，基本プロセス（図6）として読み取ることができる。それを示すことのできる学習指導要領は，画期的なものだろう。ただし，基本プロセスに従えば，教師の納得する授業ができるとは限らない。学習指導要領は，「主体的・対話的で深い学び」を実現する授業のつくり方を特定のタイプとして示しているわけではないし，むしろ，「何らかのタイプにとらわれるべきではない」という思想が読み取れる。筆者はこの主張・思想に賛成である。授業づくりにおいて何らかのタイプにとらわれると，子どもや教育内容を見失い本末転倒となる恐れがある。ただ，問題は，授業者が授業づくりにおいて何ら「授業のつくり方，タイプを意識しない」ことではないだろうか。例えば，「この単元では，Aタイプというつくり方が適切だな」「この単元の場合はBタイプというつくり方がいいな」「この単元では，Aタイプを参考にしてCタイプというつくり方に変えてみよう」というように，教師には，教材や学習内容に応じて単元のつくり方を自在に変化させる力量をつけて欲しい。教師は，社会認識論や授業論を踏まえて初めて「自由自在に」授業をつくることができるのである。

　本書では，第Ⅰ章以降，先輩教師や研究者がこれまで積み上げてきた授業のつくり方4タイプを示し，その特色と問題を明らかにする。その上で，筆者が長期にわたる現場経験と研究の結果たどりついた新たな授業づくりを提起し，その方法と開発単元を示したい。それらをお読みいただいた上で，平成29年版学習指導要領が目指す社会科授業を考えるならば，これまでとは全く異なった新しい授業を構想できるのではないかと期待して，本書を執筆している。

● 註 ●
1）　文部科学省『小学校学習指導要領（平成29年告示）解説　総則編』東洋

2) 同上，76頁。
3) 文部科学省『小学校学習指導要領（平成29年告示）解説　社会編』日本文教出版，2018年，5頁。
4) 図2は，以下の文献に学びつつ，作成した。森分孝治「市民的資質育成における社会科教育―合理的意思決定―」社会系教科教育学会『社会系教科教育学研究　第13号』2001年，43〜50頁。棚橋健治『社会科の授業診断―よい授業に潜む危うさ研究―』明治図書，2007年。池野範男「シティズンシップ教育におけるカリキュラム計画と実施―日米英の比較研究―」「日本における新しい社会科教育の理論と実践―シティズンシップ育成は社会科の教科目標か―」平成19年度〜平成21年度科学研究費補助金萌芽研究（研究代表者・池野範男）「アジア的シティズンシップ教育とヨーロッパ的シティズンシップ教育の比較調査研究」研究成果報告書『東アジアのシティズンシップ教育の現状と課題―中国・韓国・日本の場合―』2010年，52〜69頁。池野範男「「資質・能力」の育成と「教科の本質」：社会」日本教育方法学会編『学習指導要領の改訂に関する教育方法学的検討』図書文化社，2017年，61〜72頁。
5) 前掲書3)，8頁。
6) 原田智仁「変革の時代の歴史教育実践の創造」社会系教科教育学会『社会系教科教育学研究』第20号，2008年，239〜248頁。
7) 前掲書5)。
8) 同上。
9) 中央教育審議会初等中等教育分科会教育課程部会「次期学習指導要領等に向けたこれまでの審議のまとめ」（平成28年8月26日）の資料「「社会的な見方・考え方」を働かせたイメージの例　別添3-5」141　頁。
10) 文部科学省『別冊　初等教育資料2月号臨時増刊　中央教育審議会答申「幼稚園，小学校，中学校，高等学校及び特別支援学校の学習指導要領等の改善及び必要な方策等について」全文』東洋館出版，2017年，300頁。
11) 同上，41頁。
12) 2018年2月に閲覧した際の「社会的な見方・考え方を働かせること」の定義。ただし，2018年2月28日に初版発行された『小学校学習指導要領（平成29年告示）解説　社会編』（日本文教出版）では，定義は記述されておらず，この間の事情は不明である。
13) 前掲書3)，18頁。
14) 拙著『見方考え方を成長させる社会科授業の創造』風間書房，2013年，22〜29頁。

15) 松下佳代・京都大学高等教育研究開発推進センター『ディープ・アクティブラーニング　大学授業を深化させるために』勁草書房，2016年，46頁。
16) 内海巖編著『社会認識教育の理論と実践　社会科教育学原理』葵書房，1971年，7頁。

Ⅰ 社会科授業4タイプとミクロ・マクロな社会の捉え方

1 社会認識のための4タイプ

　社会科は,「社会認識を通して市民的資質を育成する」[1] 教科である。したがって,社会科授業は,「社会を認識する過程」といえる。社会科では社会認識がまずは重要であって,その上で究極的な目標である市民(公民)的資質＝市民(公民)としての資質・能力の育成が求められている。

　さて,「社会を認識する」とは,「社会がわかる」ことであり,「社会は～となっている,と捉える」ことである。そしてその捉え方には,人間の具体的な行為に着目した「ミクロなレベルで社会を捉える」場合と,無数の多くの人々の行動を一括して観察する「マクロなレベルで社会を捉える」場合がある。

　そして,「教師は子どもたちに,社会をどのようにして認識させるとよいのか」といった授業づくりの方法についての考え方(方法原理)は,これまでの研究成果[2]から,以下の基本的な4タイプを挙げることができる。

〇「子どもに問題解決させる」ことによって,社会を認識させると良い。
〇「子どもに理解させる」ことによって,社会を認識させると良い。
〇「子どもに説明させる」ことによって,社会を認識させると良い。
〇「子どもに意思決定させる」ことによって,社会を認識させると良い。

　それぞれの考え方に基づいた授業を,「問題解決」型社会科授業,「理解」型社会科授業,「説明」型社会科授業,「意思決定」型社会科授業と呼ぼう[3]。そして,「問題解決」型社会科授業と「理解」型社会科授業は,「ミクロなレベルで社会を捉える」方法ということができる。一方,「説明」型社会科授業と「意思決定」型社会科授業は,「マクロなレベルで社会を捉える」方法ということができる。

I 社会科授業4タイプとミクロ・マクロな社会の捉え方

```
──ミクロなレベルで社会を捉える──     ──マクロなレベルで社会を捉える──
     「問題解決」型社会科授業              「説明」型社会科授業
     「理解」型社会科授業                 「意思決定」型社会科授業
```

2 「問題解決」型授業によって「ミクロなレベルで社会を捉える」

　「社会とはいったい，どのようなものだろうか」このような問いに対して，私たちは日頃，身の回りで働いている人の様子から社会を捉えて答えようとするだろう。例えば，「あの人はこれこれの働きぶりだ。なぜそのように働いているかというと，○○しようという目的があるからだ。また，この人は……。」というように，具体的な人間の行為に着目する。そして，「社会はこのような一人ひとりの働きの積み重ねでできている。」と，社会を捉えるのである。問題解決学習では，そんな身近な人の具体的な働きぶりに着目して，社会を捉えさせる。

　ここでは，問題解決学習として今日でも高い評価を受けている「福岡駅」の実践を紹介しよう。これは，昭和29年度に富山県西礪波郡福岡町（現在高岡市福岡町）の小学校教諭谷川瑞子によって実践された。以下，単元展開を簡単に紹介する。

【「福岡駅」の実践概要】

1　単元設定の理由
(1) 修学旅行，海水浴，高岡の山祭等と，福岡駅→汽車と深い関係があり，子どもたちが親しんでいる。
(2) この前「ゆうびん」を学習した時，駅のことを調べたいという子が多かった。
(3) 子どもたちの社会的視野を拡め，より深い社会を認識する好適な要素が多く含まれている。

(4) 子どもたちの身近なものであり，右のような可能性もあるから，学習を展開していく途中で，種々考える場が構成されると思われる。

2　単元展開
(1)「駅にどんな人が働いているか」についての話し合い
・駅長さん，切符を切る人，信号をする人等，子どもたちにあげさせつつ板書。
・「先生，まだおるわ，地下タビはいとるものいるわ」「地下タビはいとるもんおぞいもん」「皮ぐつはいてっさる人，えらいがやぜ」「ひげ，はえてっさる人，えらいがやぜ」と子どもたちが発言。

(2) 福岡駅の見学
・子ども達の問題を発表させ，まとめて"福岡駅見学メモ帳"をつくって，二，三日前から，駅の方へ出しておいた。
・「出札係の人は，お金を一銭も間違わないように気をつけて親切に売る」等，駅の人の働きを調べる。
・駅の人々の時間，協力，責任の尊さは見学によって大まかなものは，つかむことができたようであるが，これだけでは，子どもの実感としてつかんだのでなく，単に知ったというに過ぎないように思われた。

(3)「福岡駅の歴史」の調査
・おじいさん，おとうさん，おかあさんの子どものころ，わたくしたち（現在）明治以前（資料は本で）祖父母や村の故老などによって，子どもたちは資料を得た。
・身近な現在生きている人の苦労された体験談など聞いたり，図書室の本を読んだりした。

(4)「現在の駅利用による生活の変化」の調査
・どんなものが福岡駅で積みこまれ，それはどこへ行くか。また福岡駅でおろされたものは何か。それはどこから来たかを調査した。
・うちで生産されたものは，どこへ？うちへ来る品物は，どこから？

- うちの人や部落の人たちは，どのように汽車を利用しているのだろう？
(5) まとめの話し合い
- 「わたくしたちに幸福をもたらしている汽車を動かす人は誰だろう？」「この中で，一番大事な人は，誰でしょうか」と発問。
- 「あの係も大事や，この係も大事や，よわったなぁ」「先生一番大事やきまりないわ，みんな大事やわ，いらん人おらんわ」「先生，おらっちゃ，ダラなこと言うとったね，地下タビはいとるもん，おぞいもんや，皮ぐつはいて，ヒゲはやしとるもん，えらいがや，と思っとったれど，チョロイこと思っとったもんや」と子どもたちが発言。

(上田薫編『社会科教育史資料4』東京法令出版，1977年，434〜437頁より筆者作成)

単元展開当初，福岡駅で働いている人について話し合っていると，子どもたちが「地下タビはいとるもんおぞいもん」「皮ぐつはいてっさる人，えらいがやぜ」「ひげ，はえてっさる人，えらいがやぜ」と発言する。その時教師は，「地下タビ，はいてる人も，りっぱな人間です。大事な仕事をしている人です」という言葉が口先まで出かかったのを，ぐっと飲み込んだ。そうして駅の見学によって，「実際に目で見てたしかめ，現場の人に聞いて確かめる学習により，働く人の姿をはっきりと，とらえさせたいと思った」のである。

問題解決学習の最大の特色は，子ども自身が自らの切実な問題を解決しようと自主的自発的学習活動を展開するところにある。(30頁に詳述)本実践で子どもたちは，具体的で切実な問題を持ち，駅で働く人の行為を直接，観察・調査して捉え直している。身近な学習対象に対して，観察したり調査したりすることを通して，人間の行動を理解し，一人ひとりの人間がつくっている社会を理解する方法を「ミクロなレベルで社会を捉える」方法という。

3 「理解」型授業によって「ミクロなレベルで社会を捉える」

「ミクロなレベルで社会を捉える」方法とは，人間の中に入って行動の動機・目的をみていく方法である。何のためにある人がある行動をしているのかとい

うこと，行動の基礎にある動機・目的意識を理解できなければ，人の行動を理解できず，人がつくる社会を理解できない．だから人間の中に入って行動の動機・目的をみていこうという方法である[4]．

このような見方は，例えば，野球場で双眼鏡を使って，観客一人ひとりの行動を観察することに似ているだろう．「あの人は，何のためにウロウロしているのだろうか．きっとトイレを探しているに違いない」とか，「あの人は帰るために，急いで出口に向かっているようだ」と，観察する人間の行動を目的から理解しようとする．

また，小学校3年生の教科書教材「スーパーマーケット」でも，このような社会の見方ができる．教科書では，学習問題「スーパーマーケットで働く人は，多くの人々が買い物をしやすくするために，どのような工夫をしているのでしょうか」を解決できるように，店長さんが「大きな看板をみればどこに何があるのかがすぐわかるように」工夫していたり，店員さんが「売り場を見回り，足りなくなったものを機械で注文したり」工夫していたりする様子を，具体的に記述している．この教科書記述のように，一人ひとりの人間の行為を目的手段の関係から理解する授業を「理解」型授業という．（38頁以降で詳述）

このような，一人ひとりの目的を達成するための工夫や努力，すなわち行為の積み重ねによってつくられている社会を捉える方法を「ミクロなレベルで社会を捉える」方法という．

4 「説明」型授業によって「マクロなレベルで社会を捉える」

「マクロなレベルで社会を捉える」方法とは，一人ひとりの行動や動機にとらわれずに，多くの人々の行動を一括して観察して因果連関をみていく，また，人々の行動を規制する社会システムをみていく方法である．この方法を，内田義彦は，著書『社会認識の歩み』（岩波書店）の中で，「巨視的に（筆者省略）見てゆく」と表現する．

多くの人間が集まって共同生活を営む社会では，個々の考えや行動を超えた意図せざる結果を生起する．例えば，スーパーマーケットは，たくさんのお客

さんに来店してもらおうと広い道路沿いに立地したり，駐車場を設置したりする。ただし，そういった店舗建設は，車社会の到来もあって，近隣の他店の経営を圧迫し，廃業に追い込むこともある。もちろんスーパーの店長は，そんなことを意図しているわけではないだろうが，意図せざる結果として他店の廃業を招くのである。また，野球場での試合終了間際，全体を見渡したときに，出口に向かって多くの人々が流れている様子を観察する場合もいえる。個々の想いは，帰ろうとしているのかもしれないし，トイレに行こうとしているのかもしれない。そんな個々の想いを超えた全体の動きを観察する場合を「マクロなレベルで社会を捉える」方法という。

「なぜそのスーパーマーケットにはお客さんが多いのか」「なぜあのスーパーマーケットは廃業することになったのか」「なぜ野球場の人々は，出口に向かって移動しているのか」といった因果関係を説明させることによって，「マクロなレベルで捉え」ることができる。そんな授業が「説明」型授業である。

5 「意思決定」型授業によって「マクロなレベルで社会を捉える」

私たちは，重要な決断を下すとき，思いつきや気分次第で決めることはない。様々な情報を集めた上で決断する。例えば，ある町にスーパーマーケットを出店しようとすると，交通網はどのようになっているのか，商業施設はどこにどんな施設があるか，地価はどうか，出店は法的に可能かどうか，等々，地域構造や社会システムを調べる。つまり，私たちは，意思決定を通して社会を捉えるのである。そんな捉え方を「マクロなレベルで社会を捉える」という。実際に，3年生の授業で子どもたちに「もしもスーパーマーケットを建てるとすると，どこですか。広島市地図を見て考えましょう」と問いかけたところ，子どもたちは，「人がたくさん住んでいるところはどこか」「土地が安く広い土地が確保できるところはどこか」「交通が便利なところはどこか」「ついでに映画を見たりできる魅力的なところ」「スーパーやデパートが近くにあるところ」を調べて，その結果をもとに話し合った[5]。

「意思決定」を重要な学習活動とする授業を通して，「マクロなレベルで社会

を捉える」ことができる。

●註●
1) 内海巖『社会認識教育の理論と実践　社会科教育学原理』葵書房，1971年，7頁。
2) 社会科授業づくり基本4タイプを挙げるに際しては，以下の文献を参考に考察した。森分孝治『社会科授業構成の理論と方法』明治図書，1978年。社会認識教育学会編『社会科教育学ハンドブック』明治図書，1994年。小原友行「社会的な見方・考え方を育成する社会科授業論の革新」社会系教科教育学会『社会系教科教育学研究』第10号，1998年，5～12頁。全国社会科教育学会編『社会科教育実践ハンドブック』明治図書，2011年。社会認識教育学会編『新　社会科教育学ハンドブック』明治図書，2012年。
3) 以下の文献には，近年注目されている「議論」「社会参加」による社会科授業づくりについても，紹介されている。全国社会科教育学会『社会科教育実践ハンドブック』明治図書，2011年。社会認識教育学会編『新　社会科教育学ハンドブック』明治図書，2012年。
4) 内田義彦は，著書『社会認識の歩み』（岩波書店，1996年，91頁）において，目的意識ではなく「情念」「努力」という言葉を使って説明している。
5) 拙著『変動する社会の認識形成をめざす小学校社会科授業開発研究―仮説吟味学習による社会科教育内容の改革―』風間書房，2009年，91頁。

Ⅱ 社会科授業4タイプの特色

　ここでは,「問題解決」型,「理解」型,「説明」型,「意思決定」型,といった社会科授業4タイプそれぞれの特色を明らかにしたい。その際,それぞれの授業タイプの違いがわかりやすくなるように,学習活動,中核発問,基本的な学習過程,身につけさせること,問題点,問題点解決への対策を必ず取り上げたい。

1 「問題解決」型社会科授業の特色と問題
　　―切実な問題の解決へ自主的自発的活動で社会がわかる3年「ゴミの学習」―

(1)「問題解決」型社会科授業の特色

　「問題解決」型社会科授業には,2種類ある。一つは,広義の「問題解決」型授業であって,いわゆる「問題解決的な学習」といわれるもので,平成29年版小学校学習指導要領社会でも,その充実を求めている[1]。「問題解決的な学習」とは,簡潔に表現すれば,子どもが問題設定の後,解決すなわち答えを明らかにして学習を終えるものである。このタイプの授業は,問題から解決へという過程そのものに特色がある。

　一方,狭義の「問題解決」型授業は,昭和22年(1947年)・26年(1951年)版学習指導要領社会科編(試案)に基づく授業実践や社会科の初志をつらぬく会などの実践にみられる。それらの実践は,いわゆる,問題解決学習の社会科授業である。なお,昭和22年版学習指導要領社会科編の作成,すなわち社会科の誕生に関わった上田薫たちが昭和33年(1958年)に結成した民間教育運動団体が,社会科の初志をつらぬく会である。ここでは,問題解決学習の特色と問題を明らかにしよう。

　当時の学習指導要領から,発足当初の社会科の特色を読み取ってみる。(文中の下線は筆者による)

> 　社会科は青少年が<u>社会生活を理解し，その進展に協力するようになる</u>ことを目指すものであり，そのために青少年の社会的経験を豊かにし，深くしようとするのであるから，その学習は青少年の<u>生活における具体的な問題を中心とし，その解決に向かっての諸種の自発的活動を通じて</u>行わなければならない。
> 　　　　　　　　　　　　　　　　　　　　（昭和22年版学習指導要領）

> 　社会科は，児童に<u>社会生活を正しく理解させ</u>，同時に<u>社会の進展に貢献する態度や能力を身につけさせる</u>ことを目的とする。すなわち，児童に社会生活を正しく深く理解させ，その中における自己の立場を自覚させることによって，かれらがじぶんたちの社会に正しく適応し，その社会を進歩向上させていくことができるようになることをめざしているのである。
> 　そのためには，社会生活を児童の現実的な生活から切り離し，いわばかれらから離れて向うにあるものとして，その必要や関心の有無にかかわらず，断片的に学習させ，社会に関するさまざまの知識をもたせるというようないき方をとらずに，<u>かれらが実生活の中で直面する切実な問題を取りあげて，それを自主的に究明していくことを学習の方法とする</u>ことが望ましいと考えられる。
> 　　　　　　　　　　　　　　　　　　　　（昭和26年版学習指導要領）

「問題解決」型授業（問題解決学習）の第一の特色には，**「理解，態度，能力の統一的育成」が挙げられる**。これは，平成20年版小学校学習指導要領社会でも重要視されてきたが[2]，平成29年版小学校学習指導要領にも継承され，「「知識及び技能」，「思考力，判断力，表現力等」，「学びに向かう力，人間性等」の統一的な育成を目指して」[3] 各学年の目標が構成されている。

　戦後の混乱期，民主的社会の形成を担う市民（公民）を育成するために，新教科・社会科は昭和22年版学習指導要領において新設された。それまで知識注入の授業ばかりしていた現場教師たちは，社会科の誕生に戸惑い，具体的な

指導の進め方は手探りの状態であったという。そこで, わずか4年後, 文部省は昭和26年版学習指導要領において社会科を実践しやすい形に整備し提示した[4]。昭和22年版・昭和26年版学習指導要領をみると, 発足当時の社会科の目的は, それぞれ上記資料1行目下線部で示したように「社会生活の理解」という知的側面と,「社会の進展に貢献する態度や能力」という実践的側面を統一的に育成することである, ということがわかる[5]。この目的を達成する方法原理が, 問題解決学習なのである。

「問題解決」型授業の**第二の特色は,「問題の連続」によって展開されるところにある。**ただし, 昭和22年版と昭和26年版両者に共通する学習方法としての問題解決学習には, 違いもある。昭和22年版学習指導要領では, 子どもの「生活における具体的な問題(欲求)」の解決(実現)を目指す生活学習である。例えば, 単元「郷土の輸送」は, 森分孝治によって以下のように分析されている[6]。

> 学習は欲求, 問題, 解決活動の連続的な展開過程となっている。輸送ごっこがしたい(欲求)が, 貨車や機関車がたりない(問題)。この問題を解決するために, 貨車や機関車をつくりたい(欲求)。作りたいが, それらの仕組みや働きがわからない(問題)。そこで, 駅に見学に行きたくなる(欲求)。見学し, 仕組みや働きがわかり(解決), 作り(解決), 所期のごっこをすることが出来るようになり, する。このように連続的になされる単元の展開は, いくつかの段階に分けられる。(筆者省略) 一連の活動の基礎にあるのは, よりよい生活を実現してゆきたいという人間の基本的欲求である。

一方, 昭和26年版学習指導要領では, 子どもが生活の中で直面する「切実な問題(知りたいこと)」の自主的な究明を目指している。木村博一は, 富山県西砺波郡福岡町立大滝小学校の谷川瑞子教諭の実践「福岡駅」を「典型的な問題解決学習の単元展開」として, 次のように紹介している[7]。

> 「福岡駅」の実践では，子どもたちが「誰がどんな仕事をしているか」「係の人たちは，どんなことに気をつかっているか」等の質問事項をまとめた『福岡駅見学メモ帳』を持って見学に行き，駅の人々の時間，協力，責任の尊さを大まかなものとしてつかんでいる。次いで，これらの認識をより実感をともなったものにするために，父母や祖父母，村の古老などに尋ねて「駅のできる前はどうであったのか」を調べている。さらに，「駅を今どのように利用しているか。利用することによって生活は，どう変わってきたのか」を調べ，汽車が私たちのくらしを豊かにしてきたことを実感として把握している。

「問題解決」型授業の**第三の特色は，子どもの自主的自発的活動によって展開されるところにある。**上記，昭和26年版学習指導要領の続きは，以下のように記載されている。（文中の下線は筆者による）

> なぜなら児童がかれらにとって切実な現実の問題を中心にして，じぶん自身の目的と必要と関心とによって自主的に社会生活を究明してはじめて，もろもろの社会事象がかれらにとってどのような意味をもつかが明らかとなり，したがって，これに対するかれらの立場も自覚されてくるからである。しかもこのような問題解決の過程を通じてこそ，じぶんの生活の中につねに積極的に問題を見いだしていこうとする態度や，共同の問題のためにじぶんの最善を尽して協力しようとする態度，したがって絶えずかれらの生活を進歩向上させていく能力をも，真に身につけることが期待できるのである。すなわちこのような方法によってのみ，社会生活の理解や，その中におけるかれらの立場の自覚や，これに適応し，これを進歩向上させていく態度や能力が，個々別々のばらばらのものとしてでなく，それぞれの児童なりに統一されたものとして，かれらのものになっていくのである。

これを読むと，問題解決学習の特色は，子ども自身が自らの切実な問題に対する答えを求めて，きわめて自主的自発的な学習活動として主体的に追究していくところにあることがわかる。

　昭和22年版学習指導要領および昭和26年版学習指導要領では，社会科とは，すなわち問題解決学習であり，「社会科らしい社会科」と評された。ただし，学習指導要領そのものは，やがて昭和30年，33年と短期間の内に続けて改訂され，系統学習へと変わっていった。とはいえ，問題解決学習に対する評価には根強いものがあり，今では，問題解決型の授業，問題解決的な学習として重視されている。

〈学習活動〉

　既に紹介した単元「郷土の輸送」や「福岡駅」の実践に見られるように，駅での調査・見学や制作活動，話し合いなど，子どもの自主的自発的な様々な活動が展開される。

〈中核発問〉

　子どもの持つ切実な問題に応じて発問されるので，中核発問が特定されることはない。

〈基本的な学習過程〉

　広義の「問題解決」型授業であれば，問題設定の後，解決する過程といえるだろう。それに対して狭義の「問題解決」型授業であれば，その過程は，「切実な問題場面において，ある目的（欲求）を実現するための解決策を考え実践する過程」ということはできるが，定式化はできない。

(2)「問題解決」型社会科授業の実際

　ここでは，現在も第4学年の単元に設定されている「ゴミの学習」の実践事例を取り上げて，問題解決学習の特色と問題を具体的に明らかにしよう。

　紹介する実践例は，昭和45年当時，福岡教育大学附属小倉小学校に在籍していた有田和正教諭が実践した第3学年単元「小倉の町のゴミ」である。以下に，著書よりねらいを抜き書きし，単元展開の概要を紹介する[8]。

〈有田和正指導「小倉の町のゴミ」のねらい・単元展開〉

ねらい

　子どもたちが，これまでにとらえているゴミについての認識をもとにして問題を発見させ，その問題の追究を通して，市民と市役所の仕事との関係を深くとらえることができるようにする。

　特に，次のような点に気づかせていきたい。

① 人々の生活の変化は，ゴミ（し尿などの下水も含めて）の変化を生み出し，ゴミの変化（種類・量）は，ゴミ箱・収集車・清掃工場・終末処理場・作業員・清掃局のゴミ対策など，いろんなものの変化をひきおこした。すなわち，ゴミは，自家処理から市役所のしごとへと変化し，その市役所のしごとのあり方が変化してきた。

② 現在のゴミ処理には，まだ問題が多く改善の余地が大きい。その改善のためには，行政の力（総合的な計画をたてておこなうべき）もさることながら，市民の協力も必要である。

③ ゴミは「第三の公害」とまでいわれるようになり，今や世界中の都市の問題になっている。

④ 市役所のしごとは，人々のねがい（生活向上へのいろんな問題）を実現することであり，人々のねがいを実現することが政治の根本である。

　この指導にあたっては，あくまで具体に即し，子ども一人ひとりが常に「どんな問題があるか」「自分のくらしとどんな関係があるか」考えるようにし，自分の考えを持つようにさせたい。

単元「小倉の町のゴミ」の展開

	時間	学　習　活　動
導入	8	①追究問題を確かに持つ 　a　教室のゴミの分析研究（1時間） 　b　学校のゴミは，どのように処理しているか調べる（1時間） 　c　ゴミ収集の仕事は，だれがするのか調べる（1時間） 　d　清掃工場・終末処理場・下水処理場の見学をする（4時間） 　e　追究問題をかためる（1時間）
展	19	②ゴミは，どのようにして集められ，どんなしくみで始末されているか調べる（3時間） ③いつごろから，どんなゴミができ，そのゴミや処理のしかたは，どのように変わってきた

		か調べる(4時間)
展開		④ゴミ収集や処理のしかたには，どんな問題があるか考える（3時間）〈清掃作業をする人の仕事について考える〉
		⑤日本と外国のゴミの違いについて調べ，これからのゴミ処理のしかたについて考える（3時間）
		⑥年末年始のゴミ処理のしかたについて考える（1時間）
		⑦下水処理のしかたとその変化について調べる（4時間）
		⑧ゴミ以外の市役所のしごとについて調べる（1時間）
終結	2	⑨追究のしかたの反省をする

〈「問題解決」型授業「ゴミの学習」の概要〉

　授業者自身によって記載されている単元展開を見ると，導入部は教室のゴミの分析から始まり，展開部ではゴミの処理の仕方の変化，外国のゴミ処理，年末年始のゴミ処理，下水処理，市役所の仕事へと学習は拡がりを見せている。

　単元展開の実際を見ると，本実践が問題解決学習の特色を示す典型的事例であることがわかる。

　本実践の第一の特色は，「理解，態度，能力の統一的育成」にある。常に子どもたちは，自分の問題を解決しようと調査活動に出かけたり，調査結果をまとめた表現物を持ち込んだりする。象徴的場面は，単元終盤の「⑧ゴミ以外の市役所のしごとについて調べる」授業である。子どもたちは授業前に既に市役所へ行って調べ，模造紙に書いてまとめてくる。そして，子どもたちは，「市民の生活に関係のあるしごとは，市役所がやっていることがわかった。市民のねがいが変われば，市役所のしごとも変わることがわかった」と言う[9]。子どもたちは，進んで調査する「態度」や模造紙にまとめ発表する「能力」を示し，教師のねらい通り「理解」する。

　本実践の第二の特色は，「問題の連続」にある。有田は，教師から一方的に「問題」を設定して調べさせるようなことはしない。本実践では，全29時間単元の中で，導入部の問題設定に8時間という長時間をかけている。有田は，子どもたちが教室のゴミを分析したり，ゴミ収集の仕事を調べたり，清掃工場などを見学したりした後，「ようやく問題が成立した」[10]とみているのである。有田は，「ひとりひとりの子どもに，真に追究的な問題を持たせること」を重視する。著書の以下の記述[11]にわかるように，子どもたちは他者の問題をも

自らの問題として捉え,即座に予想し,お互いの考えを吟味しようとする。教師が迷うことなく計画を変更するのは,子どもたちの学習意欲を重視するからである。

> この学習は,はじめの計画にはなかった。
> ゴミ処理の問題点を追究しているうちに,赤井が「科学が進んでいるアメリカやソ連の,ゴミ処理のしかたを調べたい。そしたら,これからのゴミのしまつのしかたも少しはわかるのではないか」という自分の問題を出したのである。
> これに対して,他の子どもたちは,さっそく反応し,「ゴミの種類や量だって違うのではないか。どんなのがあるか調べてみよう」「いや,同じ人間だから同じはずだ」「でも,食物は違うからゴミだって違うはずだ」……と,もう考えを出し合っているのである。

本実践の第三の特色は,「自主的自発的学習活動」にある。有田は,子どもの主体的な問題解決を重視する。だからこそ,以下の日記[12]に見られるように,子どもたちは,ゴミの学習に熱中する。

> この前の日曜日に子ども会がありました。土曜日にゆってくれたとき,外国のスライドがあるとゆったので,わたしは,そのスライドで外国のゴミをしらべようと思いました。その前によそうをかいてみました。(以下省略)

実践記録には,子どもが家庭でも休日でも問題を解決しようと自主的に活動する様子が随所に見られる。

〈身につけさせること〉

問題解決学習では,事実認識とともに価値判断や意思決定が下される。例えば,単元「郷土の輸送」では,子どもは,輸送手段(乗り物)に関わる事実認識の活動とともに,貨車やシグナルなどの制作活動において価値判断や意思決

定をする。「ゴミの学習」の実践においても，子どもたちは，ゴミに関わる事実認識とともに，ゴミ処理や下水処理の仕事に対して価値判断する。

(3)「問題解決」型社会科授業の問題点

① 獲得される知識が問題解決の必要の範囲内に限定

子どもにとって切実な問題を解決する活動が行われるため，当然の結果として，獲得される知識は問題解決の必要の範囲内に限定されざるを得ない。子どもは主体的に価値判断・意思決定を行うが，「学習内容は学習指導要領で明示されたものを踏まえているかどうか」といったことは不明である。

② 「子どもなりの理解」にとどまりがち

子ども自身の持つ問題とその解決が重視され，教師の指導は極力控えられるため，ともすると「子どもなりの理解」にとどまりがちとなる。

③ 時数がかかり実際には困難

「ゴミの学習」の実践は，29時間，11月から1月にかけて長時間にわたる。その理由は，子どもの問題意識，学習意欲を最大限大切にするからである。子どもの問題は新たな問題を生み，教師はそれらをできる限り丁寧に扱うため，授業時間数は制限なくかかる。ところが，教育現場では，単元ごとに設定できる時間数は限られており，たとえ特定の単元にある程度の時間数をかけることができたとしても，無制限に時間をかけることはできない。現在，第3学年の社会科の授業時数は70時間，第4学年の社会科は90時間とされているが，単元「小倉の町のゴミ」のように29時間かけることは非常に難しい。

④ 教師の力量がかなり必要

教師の力量がかなり必要になる理由は3つある。1つめの理由は，新たな問題が連続して発生するため事前の授業計画は変更せざるを得ないことである。2つめの理由は，子どもに問題をつくらせると，クラスの人数分以上の非常に多くの問題が生まれることがあり，集団学習が成立しにくいことである。3つめの理由は，学習が総合的になり，学習活動が多様になることである。「ゴミの学習」は国語学習や算数学習と関連づけられている。教科としての目標・内

容が曖昧になる危険性がある。

(4)「問題解決」型社会科授業の問題点解決への対策

問題解決学習を実現するには,以下3点の対策が鍵となるだろう。

第一には,「子どもの論理」と「教科の論理」の両方の視点[13]から教材選択や計画立案・学習問題の設定をすることである。「子どもの論理」からの教材選択とは,子どもの生活を見つめ,子どもが切実な問題意識のもと,わかろうとするであろう教材の選択である。「教科の論理」からの教材選択とは,教えるべき価値があると教師に認められる教材の選択である。この両方の視点から教材を選択したい。同様に「子どもの論理」と「教科の論理」の両視点から,計画立案や学習問題の設定を行いたい。教材選択にしても,計画立案,学習問題の設定にしても,「子どもの論理」のみになると,上記4点の問題が残る。

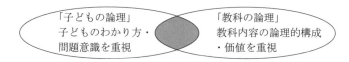

図II-1　子どもと教科両視点からの授業づくり

第二には,社会科と総合的な学習の時間との連携を図ることである。例えば,「ゴミの学習」のように29時間かからざるを得ないのであれば,国語科や算数科などの他教科や領域と関連づけられるのだから,むしろ「この学習は社会科で,この学習は総合的な学習の時間として…」のように考えればよいだろう。例えば,富山市立堀川小学校では,教科学習と総合的な学習の時間とを上手に連携している実践例が多くみられる。

第三には,「民主的な学級づくり」をすることである。お互いの意見を尊重し,他者の意見に耳を傾け,自由な発言が許される雰囲気づくりがあってはじめて,子どもの自主的自発的活動が保障される[14]。

● 註 ●

1) 文部科学省『小学校学習指導要領（平成29年告示）解説　社会編』日本文教出版，2018年，19〜20頁。
2) 文部科学省『小学校学習指導要領解説　社会編』東洋館出版，2008年，12頁。
3) 前掲書1），24頁。
4) 片上宗二「総括と展望」朝倉隆太郎他編『社会科教育の歴史と展望』研秀出版，1991年，125〜132頁。
5) 小原友行「学習指導要領の変遷」朝倉隆太郎他編『社会科教育の歴史と展望』研秀出版，1991年，74〜84頁。
6) 森分孝治「問題解決学習の成立―「郷土の輸送」（『補説』）から「福岡駅」（谷川実践）へ―」日本社会科教育学会『社会科教育研究』No.79，1998年，9〜16頁。
7) 木村博一「社会科における問題解決学習」社会認識教育学会編『社会科教育学ハンドブック』明治図書，1994年，157〜166頁。
8) 霜田一敏・有田和正『市や町のしごと―ゴミの学習―』国土社，1973年。
9) 同上，150頁。
10) 同上，62頁。
11) 同上，119頁。
12) 同上，131頁。
13) 小原友行「社会認識形成の「論理」と「心理」―社会科授業構成の原理を求めて―」（社会系教科教育研究会編『社会系教科教育の理論と実践』清水書院，1995年）から示唆を得た。
14) 森分孝治は，長岡文雄が昭和46年に奈良女子大学附属小学校において実践し高く評価されている「くつ下工場」の授業を「民主的な学級でこそ可能な授業」と評価する。（森分孝治『現代社会科授業理論』明治図書，1984年，224頁）学級づくりは，問題解決学習の実践にとって特に重要である。

2 「理解」型社会科授業の特色と問題
　　―感情移入・追体験・共感的理解すると社会がわかる6年「豊臣秀吉」―

(1)「理解」型社会科授業の特色

　このタイプの授業は，**「人間」の行為に視点を置いて社会を認識させようとする授業**であり，1955年（昭和30年）版以降の小学校学習指導要領社会に典型的にみられる。このタイプの授業づくりは，**「社会は人間の問題解決的行為の積み重ねで成り立っている」という社会観**に基づく。したがって，「社会がわかる」ためには，人間（行為者）の意図・目的・動機を捉えることが必要になる。

〈学習活動〉

　授業では，人間の問題解決的行為の過程，すなわち，「その人は，どのような問題を持っており，それを解決するために，どのような意図・目的・動機を持って，どのような行為を行ったのか」について，明らかにすることになる。具体的な学習活動でいえば，**体験，追体験**，（対象となる人間への）**感情移入，共感的理解**である[1]。例えば，小学校中学年でスーパーマーケットを教材として学ぶ場合であれば，子どもは，店舗販売を**体験**させてもらうことができるかもしれない。一方，高学年になると，産業学習や歴史学習，政治学習で体験することは難しい。そこで，自動車工場の分業をクラスの班ごとに振り分けて模擬自動車を組み立てるという**追体験**をさせたり，工場労働者になったつもりで**感情移入**させたり，労働者に寄り添わせて心情を**共感的に理解**させたりする。そうして，「スーパーマーケットや工場などで働く一人ひとりの人間の行為の積み重ねで社会は成り立っていること」が，子どもにわかるのである。

〈中核発問〉

　授業における中核発問は，「どのような」になる。「どのような問題がありましたか」「どのような目的ですか」「どのような工夫をしましたか」等である。

追体験させたり，対象となる人間に感情移入させたりする発問は，「どのような（どんな）」を効果的に使った発問になるだろう。

〈基本的な学習過程〉

この授業タイプの基本的学習過程は，次のようになる[2]。

ア　問題状況の把握

観察・資料活用を通して，人間がどのような問題状況で，どのような行為を行ったのか，事実を理解する。

イ　感情移入による〝目的（願い）の確認〟

学習対象とする人間への感情移入を通して，目的（願い）を確認する。

ウ　体験・追体験による〝行為の予想と検証〟

体験・追体験を通して，「その人間が，目的（願い）を達成（実現）するためにどのような手段（工夫・努力）を行ったのか」について，予想し，検証する。このように，人間の行為を目的・手段の関係として理解することを**目的論的理解**[3]という。

エ　行為の社会的意味の理解

その人間の行為の結果，人々の生活は維持・向上・発展したという「行為の社会的意味」を理解する。

(2)「理解」型社会科授業の実際

ここでは，前項で示した「理解」型社会科授業の特色に沿った形で，6年生の授業「豊臣秀吉」を例示しよう。なお，本時「豊臣秀吉」の位置づけがわかるよう，織田信長，徳川家康をともに扱う単元「3人の武将と天下統一」の単元目標と指導計画を，書籍の展開例より例示する[4]。その際，平成29年版学習指導要領において整理された評価の3観点「知識・技能」「思考・判断・表現」「主体的に学習に取り組む態度」に対応させて，一部書き換えている。

〈単元名〉「3人の武将と天下統一」

〈単元目標〉

○　戦国の世の中が3人の武将の働きによって統一されてきたことがわかる。
○　年表や絵画，文章資料などの資料から3人の武将の業績などを調べ，人物カルタの読み札をつくることができる。　　　　　　　　　【知識・技能】
○　戦国の世の中が次第に統一されていった様子を，3人の武将の行動や考え方，業績をもとに考え，自分の意見をもって，話し合うことができる。

【思考・判断・表現】

○　3人の武将による天下統一の様子に関心を持ち，それぞれの武将の業績などを意欲的に調べようとする。　　　【主体的に学習に取り組む態度】

〈指導計画〉
第1次　3人の武将の人物年表を調べ，学習問題をつくる…………………2時間
第2次　3人の武将の業績を調べ，人物カルタをつくる……3時間（本時2/3）
第3次　3人の武将が全国統一に果たした役割を考える…………………1時間

〈本時「豊臣秀吉」の目標〉
○　検地・刀狩りなど秀吉の業績（行為）を調べ，それらの行為は目的を達成するための手段であったことがわかる。
○　秀吉の目的は，戦国時代を終わらせ全国を支配する仕組みづくりであり，秀吉のおかげで武士が支配する社会の仕組みができたことがわかる。

【知識・技能】

〈本時「豊臣秀吉」の学習過程〉　　　　　　　　※ゴシックは，感情移入・追体験・共感的理解の場面

	学習活動	指導上の意図と留意点
問題状況の把握	1 秀吉の生い立ち，戦国時代の様子，全国統一までの経緯を知り，当時の問題状況を把握する。	・戦国時代，秀吉は百姓の子として生まれ，戦いで父を失い貧しい生活だったことや，村同士でも争いごとの絶えない百姓は平和を願っていたことを確認させる。 ・秀吉は信長に仕えて数々の戦いの後，出世したことや信長の死後，明智光秀に勝利したことを紹介し，戦国時代は戦いの連続であったことを確認させる。
感情移入による"目的"の確認	2 明智光秀を倒した後，大阪城を築き始めた**秀吉の目的（願い）を考える。** 3 学習問題をつくる。	・1583年大阪城を築き始めた秀吉に感情移入し，築城の目的・願いを予想させる。その際，前年明智光秀に勝利したものの各地に戦国大名が存在する中，戦国時代を終わらせ，**全国を支配したいという願いに気づかせる。**
	秀吉は，全国支配のために，どのようなことを行ったのでしょうか。	

2 「理解」型社会科授業の特色と問題

体験・追体験による"行為の予想と検証"	4 **秀吉が全国支配のために行ったことを予想する。**	・秀吉の大阪城築城の目的や願いを実現するための政策を予想させたい。
	5 秀吉が1598年死ぬまでに行ったことを調べる。	・年表を観察させ，秀吉の政策を抽出させる。
	6 **検地，刀狩りの時の秀吉の目的を考える。**	・「検地の様子（想像図）」や「刀狩りの様子（想像図）」を観察し，検地や刀狩りを命じる際の秀吉の目的を**その立場に立たせて想像させる**。
	7 検地，刀狩りの目的を調べて確認する。	・「秀吉が検地役人に送った手紙」「刀狩令」を読み，検地と刀狩りの目的を確認する。
	8 **関白になった秀吉の大阪城と石見銀山の利用目的を予想する。**	・関白という全国を治めることのできる立場に立った秀吉の大阪城築城・石見銀山経営の目的を**その立場で想像させる**。
	9 大阪城築城と石見銀山経営の目的を調べて確認する。	・教科書や資料集で具体的な内容とともに目的を調べさせる。
	10 **全国の大名に朝鮮出兵を命じる秀吉の意図を予想する。**	・全国統一直後，朝鮮侵略を開始する秀吉の意図を**秀吉の立場で想像させる**。
	11 朝鮮出兵の目的を調べて確認する。	・教科書や資料集で具体的な内容とともに目的を調べさせる。
社会的意味の理解	8 秀吉の果たした役割について話し合い，**自分の意見をノートに記述する。**	・秀吉の行った諸政策の目的から，めざす国づくりを考えさせることを通して，秀吉の果たした役割に気づかせたい。 ・各自の考えを秀吉への手紙という形で，ノートに記述させる。

〈本時「豊臣秀吉」の細案〉
　※上記学習過程と同じ内容を細案として示す。ゴシックは，感情移入・追体験・共感的理解の場面

	教師による発問・指示	教師と子どもの活動	期待される子どもの反応
問題状況の把握	・秀吉はどこで誰の子として生まれましたか。	T：発問する C：調べて答える	・1537年に秀吉は尾張中村（名古屋市中村区）で百姓・弥右衛門の子として生まれた。
	・秀吉の父親はどんな人でしたか。	T：発問する C：答える	・弥右衛門は，名前のない貧しい農民・足軽で，戦でけがをして7歳の時，死んだ。
	1 秀吉が生まれた頃は，どんな時代でしたか。	T：発問する C：教科書・資料集を調べる	・大名同士が争い，京都は焼け野原となり，農村は戦に巻き込まれるとともに，村同士でも争いごと・喧嘩・殺し合いが頻繁にある時代だった。
	2 戦国時代の秀吉は，誰に仕えてどんな活躍をしましたか。	T：発問する C：答える	・秀吉は，信長に仕えて，多くの合戦に参加し有力な武将となった。 ・信長の死後，秀吉は明智光秀に勝利した。
目的・願いの確認	3 1582年明智光秀に勝利した秀吉は，1583年に大阪城を築き始めます。**その時，秀吉は，どんなことを考えていたでしょうか。**	T：発問する C：秀吉の心情を想像する	（築き始めた大阪城に立つ秀吉になったつもりで，築城の目的や願いを想像する。） ・天下一の大きな城を築いて，ここを拠点に，いまも戦争の絶えない**全国を自分が治めて，平和な社会を実現したい**。
	4 秀吉が，まずしなければならないことは何でしょうか。	T：発問する C：答える	・まずは北条氏など全国の大名を武力で圧倒し，自分の臣下とする。
	5 全国の大名を圧倒した後，秀吉がしたいことは何でしょうか。	T：発問する C：答える	・秀吉自身が全国を治める仕組みをつくる。

Ⅱ　社会科授業4タイプの特色

体験・追体験による"行為の予想と検証"	6 **秀吉は，全国支配のために，どのようなことを行ったのでしょうか。秀吉の立場に立って予想しましょう。（学習問題）**	T：発問する C：予想する	（秀吉が自分の願いを実現するために行ったであろう政策を秀吉の立場で予想する。） （例）・大阪城を拠点にして全国を治める。 ・全国から確実に年貢を徴収する。 ・村の争いを防ぐため武器を取り上げる。
	7 秀吉は，1598年に死ぬまでにどんなことを行いましたか。	T：発問する C：年表で調べる	・検地，大阪城築城，石見銀山の経営，刀狩り，朝鮮出兵
	・検地とは，どんなことをすることですか。	T：発問する C：想像図を見て答える	・検地とは，田畑の面積や収穫量を測り年貢の量を決め，耕作者を確定すること。
	8 **検地を命じる時の秀吉の目的を吹き出しに書き込みましょう。**	T：発問する C：書き込む	（ワークシートの吹き出しに，**秀吉になったつもりで書き込む。**）
	9 秀吉の手紙や資料集の説明書きによると，検地の目的は何でしょうか。	T：発問する C：資料集・教科書で調べる	・検地の目的は，全国で検地を強制的に実施し，収入を確定することである。
	・刀狩りとは，どんなことをすることですか。	T：発問する C：想像図を見て答える	・刀狩りとは，百姓から刀や脇差しなど武器を取り上げることである。
	10 **刀狩りを命じる秀吉の目的を吹き出しに書き込みましょう。**	T：発問する C：書き込む	（ワークシートの吹き出しに，**秀吉になったつもりで書き込む。**）
	11 刀狩令によると，刀狩りの目的は，何でしょうか。	T：発問する C：資料集・教科書で調べる	・刀狩りの目的は，百姓から武器を取り上げて一揆を防ぎ，年貢を確実に納めさせることである。
	・大阪城と石見銀山の位置と大きさを確認しましょう。	T：指示する C：地図を見る	・大阪城は大阪市中心部の広い面積を占め，石見銀山は島根県西部に位置する。
	12 **関白となった秀吉は，大阪城と石見銀山をどのように利用しようと考えていたのでしょうか。**	T：発問する C：予想する	**（全国を治める立場である秀吉になって，大阪城と石見銀山の役割を考える。）**
	13 大阪城と石見銀山経営の目的を調べましょう。	T：発問する C：資料集・教科書で調べる	・大阪城は政治の拠点になるとともに，国内外を視野に置いた物流拠点にもなる。 ・銀は南蛮貿易の輸出品として莫大な利益を生み，築城や武器購入にも役立つ。
	・全国統一後，秀吉が人生最後に行ったことは何ですか。	T：発問する C：答える	・2度の朝鮮出兵
	14 **全国統一直後，大名に朝鮮出兵を命じた意図を予想しましょう。**	T：発問する C：予想する	**（秀吉の立場で全国の大名に朝鮮出兵を命じた意図を予想する。）**
	15 朝鮮出兵の目的を調べて確認しましょう。	T：発問する C：資料集・教科書で調べる	・明を征服するため。
社会的意味の理解	16 秀吉は2度目の朝鮮出兵の途中で病死します。秀吉は，どんな役割を果たしたといえますか。	T：発問する C：話し合う	・秀吉は，戦国時代を終わらせた。 ・検地と刀狩りによって武士と百姓・町人の身分は区別され，それぞれの役割に専念するようになった。 ・秀吉は武士が支配する社会の仕組みをつくった。
	17 秀吉は，どんな人だといえますか。**秀吉へ手紙を書きましょう。**	T：発問する C：記述する	（各自の考える「秀吉の果たした役割」より秀吉を評価する。）

【資料】
細案では，多くの小学校で使われているであろう「教科書」「資料集」による授業を想定している。

2 「理解」型社会科授業の特色と問題

〈理解型授業「豊臣秀吉」の概要〉

　このタイプの授業では，人間の行為は，目的・願いを達成するための手段すなわち問題解決的行為と捉える。例えば，秀吉が行ったこと，すなわち，検地，大阪城築城，石見銀山の経営，刀狩り，朝鮮出兵は，すべて「全国支配＝武士が支配する社会の仕組みをつくる」という目的を達成するための手段と捉える。そういった目的手段の関係を図に表すと以下のようになる。

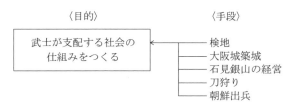

図Ⅱ-2　本時「豊臣秀吉」の内容編成

　さて，基本的な学習過程の特色は，秀吉という人間に感情移入させたり，体験・追体験させたりするところにある。以下に，授業展開を説明しよう。

ア　問題状況の把握

　秀吉が生まれ育った頃，すなわち戦国時代の問題状況について事実認識をする過程である。秀吉の父親はどんな人だったのか，秀吉が生まれ育った農村はどんな状況だったのか，百姓出身の秀吉がどんな活躍ができたのか，そういった具体的な状況を把握させる。戦国大名同士の戦いばかりではなく，村同士でも争いごと・喧嘩・殺し合いが頻繁に起こる問題状況を把握させる。

イ　感情移入による〝目的（願い）の確認〟

　1582年明智光秀に勝利したとはいえ，いまだ全国に戦国大名が群雄割拠する中，翌年，秀吉は大阪城をつくり始める。細案の発問3「その時，秀吉は，どんなことを考えていたでしょうか」と問うことによって，秀吉に感情移入させ，大阪城築城の目的や願い，すなわち築城後の行為の目的を確認させる。

ウ　体験・追体験による〝行為の予想と検証〟

　ここでは，秀吉の「全国支配」という目的を達成するための行為すなわち政策を，追体験によって予想させる過程である。したがって，細案の発問6「秀

吉は，全国支配のために，どのようなことを行ったのでしょうか。秀吉の立場に立って予想しましょう」が最も重要な発問である。以下，発問7から発問15までは予想を検証する場面である。検地，刀狩り，大阪城築城，石見銀山経営，朝鮮出兵，それぞれを実行する際，秀吉はどんなことを考えていたのか，その目的を秀吉の立場で予想させつつ，資料で検証していく。この過程は，秀吉の立場に立って（追体験によって）行為を予想させ，検証することを通して，秀吉の行為を目的手段の関係から理解させる過程である。

エ　行為の社会的意味の把握

発問16「秀吉はどんな役割を果たしたのか」について考えることを通して，秀吉の行為の社会的意味を意見交換させる。最後に，「秀吉への手紙」という形でノートに記述させるのは，共感的理解を図ることを意図している。

〈身につけさせること〉

①　事実の正確な理解

人間がどのような問題状況でどのような行為を行い，その結果はどうだったのか，といった事実を正確に理解する。

> 〈例〉
> 戦国時代における問題状況の中で，秀吉の実施した政策と結果などの事実を理解する。

②　目的論的理解

人間の問題解決的行為の目的（願い・意図・動機）と手段（工夫・努力）との関係を理解する。

> 〈例〉
> 「武士が支配する社会の仕組みをつくるためのさまざまな政策」という目的・手段関係を理解する。

③　社会的意味の理解

問題解決的行為の結果，人々の生活は維持・向上・発展していったのだとい

うことを理解する。

> 〈例〉
> 秀吉のおかげで戦国時代は終わり，武士が支配する新しい仕組みができたことを理解する。

(3) 「理解」型社会科授業の問題点

① 「できる限り多く詳しく知る」という常識的な社会認識となる危険性

　この授業論では，より多くの事実をできる限り詳しく網羅的に把握する傾向がある。「問題状況の把握」段階では，秀吉が生まれ育った頃の状況に対する事実認識が目指されるが，具体的に把握させようとすると際限がなくなる。「目的（願い）の確認」段階では，より詳しく秀吉の置かれた状況と願いを知れば知るほど，感情移入はしやすい。また，「行為の予想と検証」段階では，「秀吉がどんな状況下でどんなことを考えて政策を実行したのか」について，予想・検証するには，より多くの事実認識が求められよう。このように，より詳しく知っていて初めて秀吉の行為の社会的意味が把握できる。

　すなわち，この授業論では，秀吉の置かれた状況や秀吉の行為の内容をできる限り多く詳しく知るという常識的な社会認識となる傾向がある。その結果，秀吉という人間の行為を主観的に捉えがちになり，多くの人々の願いや工夫・努力を超えて存在する社会の構造は認識させにくくなるという危険性が生まれる。

② 特定の価値を注入し，態度形成をめざすため事実が選択されがちとなる

　秀吉に感情移入し，秀吉の行為を追体験させようとするこの授業では，秀吉の視点から政策を理解し，秀吉のめざす国づくりに共感させようとする。秀吉の業績を共感的に理解した子どもたちは，「社会は工夫し努力する人間の活動によって維持・向上・発展する」という見方を身につけることになる。これは言い換えると，「社会は目的を達成しようとする人々の問題解決的行為の積み重ねで成り立っている」という見方ともいえよう。このような見方は，特定の

態度を育成することになる危険性を持っている。為政者の実行する政策が，必ず社会を維持・向上・発展させるものであるならば，将来の自分の為政者に対してとるべき態度は自ずから決まってくるだろう。特定の見方の育成は，特定の価値の注入となり，態度形成をめざすことになる。しかも，「社会は工夫し努力する人間の活動によって維持・向上・発展する」という見方は，一つの社会観に過ぎず，常識的な社会認識と言わざるを得ない。実際には，人間は目的を達成しようとしても達成できないことは多く，工夫・努力が報われないことは多い。このタイプの授業では，授業者の考える態度目標のもと，取り扱う内容が選択されることになりがちだ。

③ 価値判断力・意思決定力の育成をめざしていない

事実認識のもと，人間の行為に対して共感的理解を図る授業論では，子どもは歴史上の人物及びその行為に対して肯定的な評価をすることになる。この授業論では，子どもが，開かれた自由な価値判断や意思決定をすることをめざしてはいない。

(4)「理解」型社会科授業の問題点解決への対策

上記に示したような問題点を克服するためには，対象とは異なる立場への視点の置き換えが提案されており[5]，既に実践例も明らかにされている[6]。また，価値判断力・意思決定力の育成を図るためには，「理解」型社会科授業に「価値判断・意思決定過程」をプラスする指導計画を立てるという案もあり得るだろう。筆者自身の実践単元「織田信長」では，織田信長から徳川家康へ，さらに武田勝頼へと視点移動をさせ，最終場面では，子どもに勝頼の立場で「これからどうしたらよいのか」意思決定させている。拙著『見方考え方を成長させる社会科授業の創造』（風間書房）掲載の実践をぜひ，ご参照ください。

●註●
1) 小原友行「学習指導要領の変遷」朝倉隆太郎他編『社会科教育の歴史と展望』研秀出版，1991年，74〜84頁。小原友行「社会的な見方・考え方を育成する社会科授業論の革新」社会系教科教育学会『社会系教科教育学研究』

2) 前掲書1)をはじめとして以下の文献を参考にした。森本直人「社会科における理解」社会認識教育学会編『社会科教育学ハンドブック』明治図書，1994年，177～186頁。森本直人「理解としての社会科の授業づくりと評価」全国社会科教育学会編『社会科教育実践ハンドブック』明治図書，2011年，25～28頁。藤瀬泰司「社会科における理解」社会認識教育学会編『新社会科教育学ハンドブック』明治図書，2012年，161～168頁。
3) 森分孝治『社会科授業構成の理論と方法』明治図書，1988年，43頁。
4) 単元目標と単元の指導計画は，「3人の武将と天下統一」（安野功編著『小学校社会科　活動と学びを板書でつなぐ　全単元・全時間の授業のすべて　小学校6年』東洋館出版，2006年，70～81頁）を参考にした。なお，本時「豊臣秀吉」の学習過程は，「戦国の世の統一と江戸幕府の始まり」（安野功編著『新版小学校社会　板書で見る全単元・全時間の授業のすべて　6年』東洋館出版，2012年，82～103頁）の第4時「豊臣秀吉の業績を調べよう」を「理解」型社会科授業に構成し直した。
5) 森本直人「理解としての社会科の授業づくりと評価」全国社会科教育学会編『社会科教育実践ハンドブック』明治図書，2011年，25～28頁。
6) 吉田嗣教・内田友和・中野靖弘・吉田剛人「子どもたちが歴史的見方を意識できる社会科授業構成―第6学年単元「政府・民衆にとっての世界進出」の開発を通して―」全国社会科教育学会『社会科研究』第66号，2007年，41～50頁。

3 「説明」型社会科授業の特色と問題
　—因果（条件予測）関係を説明し社会がわかる5年「工業生産と貿易」—

(1)「説明」型社会科授業の特色

　わたしたちは，「常識」や学んだ理論では説明がつかない事象に出会うと，「なぜか」「どうなるか」と考え，納得できる説明を得たくなる。その説明は，主観的なものではなく客観的なものであり，より多くの人が納得できることこそが重要だ。子どもが，容易には説明できない事象に対して，原因・結果の関係や条件・予測の関係から説明できるようになることをめざす授業タイプが，「説明」型社会科授業である。このタイプの授業は，「子どもは**説明**することを通して**理論を獲得する**」「子どもは**説明**しようとして**科学的に探求する**」といったところに特色がある。

　「理解」型授業と比較すると，このタイプの授業の特色は，人間の行為を超えた存在である「社会」そのものを認識させようとするところにある。何らかの目的を達成しようとする人間の行為は，必ずしも思い通りに行くとは限らない。社会は，人間の「意図せざる結果」の積み重ねでもある。このタイプの授業は，アメリカ新社会科の考え方を参考にして，森分孝治などによって提唱され，授業づくり・分析の有効性が示されてきた[1]。

　それでは，「理論を獲得する」「科学的に探求する」とは，どういうことであろうか。以下，学習活動として例を挙げながら説明しよう。

〈学習活動〉
① 説明を通して「理論を獲得する」

　子どもの主な学習活動は，「説明」である。「説明」には，2種類ある。1つめは，社会的事象がなぜ生じたのか，「原因・結果の関係」についての説明である。2つめは，社会的事象が将来どうなるか，「条件・予測の関係」についての説明である。「〜だから〜である」（原因・結果の関係）または「もし〜ならば〜となるだろう」（条件・予測の関係）といった事象相互の関係を説明する

知識は「理論」といえるものである。ただし，理論には，曖昧で当てはまらない例が多い理論[2]もあれば，多くの事象に当てはまる理論もある。後者のように一般性を有している理論は，概念，法則，傾向性または社会的見方といってもよい。例を挙げよう。図Ⅱ-3をご覧頂きたい。

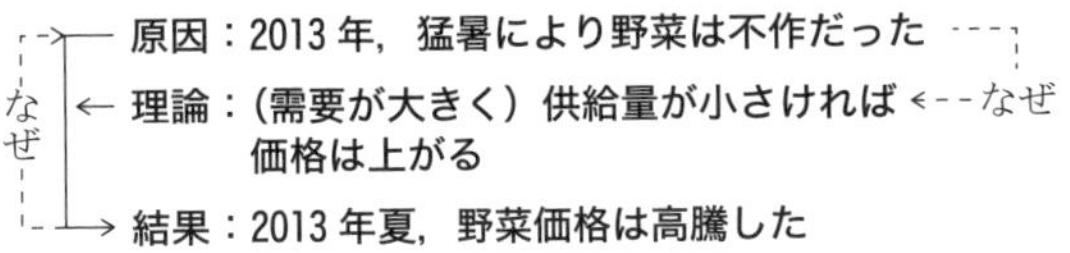

```
     ┌→ 原因：2013年，猛暑により野菜は不作だった  ----┐
 なぜ │  理論：（需要が大きく）供給量が小さければ   ←--なぜ
     │        価格は上がる
     └→ 結果：2013年夏，野菜価格は高騰した
          図Ⅱ-3  原因・結果・理論の関係
```

2013年夏，野菜価格は高騰した。この結果を招いた原因は，記録的な猛暑による不作だといわれている。この因果関係を説明する理論は，「（野菜の）供給量が小さければ，（野菜の）価格は上がる」となるだろう。ただし，供給量が小さくても必ずしも価格は上がるとは限らない。なぜなら，供給量が小さくても，需要が小さければ価格は上がらないからだ。

したがって，多くの事象に当てはまる理論は，この場合，次のようになる。「需要が大きく供給が小さければ価格は上がる」この理論であれば，多くの事象を説明できるだろう[3]。

すなわち，**理論とは，原因・結果の関係や条件・予測の関係を説明する知識であり，より多くの事象に当てはまるであろう知識**である。結果としての事実「2013年夏，野菜価格は高騰した」について，子どもに「なぜか」と問えば，子どもは原因となる事実「2013年，猛暑により野菜は不作だった」と答えるだろう。それでは，「2013年，猛暑により野菜は不作だった」のであれば，なぜ「2013年夏，野菜価格は高騰した」となるのか，それを説明できる理論が「需要が大きく供給が小さければ価格は上がる」である。結果に対して，「なぜ」と問えば，原因となる事実が明らかになり，さらにもう一度「なぜ」と問えば，理論が明らかになる。子どもは，「なぜ」に答えようと説明する。子どもははじめは，原因を答えるが，もう一度「なぜ」と問われると，理論を答えることになる。つまり，教師が繰り返し「なぜ」と問いかけることによって，子どもは説明をしながら自分の持っている理論に気づくのである。

② 説明しようと「科学的に探求する」

理論の獲得は，注入という方法では不可能である。「需要が大きく供給が小さければ価格は上がる」という理論を教え込んで暗記させたところで，他の多くの事象に適用できはしないだろう。理論は，子どもが自ら獲得して初めて，他の事象に応用することができる。

　理論の獲得方法が「科学的な探求」である。**科学的な探求とは，結果に対して「なぜ」と問いかけて，原因を明らかにしたり，原因となる事象に「どうなるか」と問いかけて，結果を予測したりすることである。**

〈基本的な学習過程〉

　科学的に探求する過程とは，以下の通りであり，それはそのまま「説明」型授業の基本的学習過程として組織できる[4]。

ア　問題把握

　「常識」（子どもが日常生活で持っている理論）では説明がつかない事象，知的好奇心を喚起する事象に出会うと，「なぜ，その事象は起きたのか」という問題意識を持つ。

イ　仮説の設定

　問題に対して，「なぜなら，AだからBである」といえるのではないだろうか，と仮説を複数設定できることが重要だ。「ああでもない，こうでもない」と思いつきも含めて，拡散的に思考させたい。

ウ　仮説の論理的帰結の推論

　「もし仮説が正しければ，～となっているはずである」と，論理的に推論することができて初めて，どこでどんな資料を探せばよいのか，見通しを立てることができる。

エ　資料の収集・分析

　「本当にそうなっているかどうか調べてみよう」と，子どもは図書室へ行ったり，教科書・資料集をみたりして仮説の裏づけをする。裏づけの得られない仮説は，他者への説得力を欠き，廃棄されることになる。

オ　仮説の検証

　資料に基づいて仮説が正しかったかどうか，確かめたり，より間違いが少な

い仮説へと修正したりする。

　上記ア〜オの過程で最も重要な過程は，イ・ウである。教師から，子どもが驚く事象が提示され（ア問題把握），教師から配付された資料を読み取り（エ資料の収集・分析），配付資料によって仮説が確かめられる（オ仮説の検証）のでは，子どもは読み取り能力をつけることはできても，思考・判断・表現の能力をつけることはできない。子どもが主体的かつ深く思考する場面は，「イ仮説の設定」「ウ仮説の論理的帰結の推論」場面なのである。

〈中核発問〉

　「なぜ」発問によって，子どもは事象・出来事の過去の原因を推論することができる。また，「どうなるか」発問によって，子どもは，事象・出来事の将来を予測することができる。

（2）「説明」型社会科授業の実際

　5年生単元「工業生産と貿易」を「説明」型社会科授業として提示する。この過程は，上記基本的学習過程ア〜オに沿っている。なお，以下「学習指導過程」に示す「発問・指示」「子どもの反応」は，筆者自身による富山大学人間発達科学部附属小学校での実験授業の記録を一部修正したものである。

〈単元名〉「工業生産と貿易」

〈単元目標〉

○　「わが国は，かつて加工貿易による工業生産といえたが，今や水平貿易（各国の得意分野を生かした貿易）による工業生産がさかんになってきている」ことがわかる。

　「わが国の国内自動車組立工場は国内部品工場と一体化するとともに，協力してつくり方を改良しているので，品質の良い自動車を生産することができる」ことがわかる。

　「自動車会社は，世界各地から最適な部品を仕入れ，世界の最適な場所で組み立てるから，好みの車を安く買い，早く届けてほしいという海外の人々のニーズに応えることができる」ことがわかる。

Ⅱ　社会科授業4タイプの特色

○　統計資料や文章資料，図や写真などの資料から読み取った情報をもとに，他者の考えと比較しつつ，自らの考えに活用する。　　　【知識・技能】
○　わが国の自動車会社が海外生産する理由について，仮説を立てたり，予測したりして，自らの意見を説明することができる。　【思考・判断・表現】
○　わが国の工業生産について貿易の観点から関心を持ち，進んで調べ，自らの解釈や予測を持とうとする。　【主体的に学習に取り組む態度】

〈指導計画〉

第1次　問題「自動車会社の海外生産の理由」についての仮説設定……1時間
第2次　討論・資料収集による仮説の吟味（仮説の論理的帰結の推論，資料の収集・分析）……2時間
第3次　「自動車会社の海外生産の理由」についての仮説検証……1時間

〈学習指導過程〉　　　　※下線部は学習問題・中核発問　ゴシックは知識・技能目標としての理論

過程	教師による主な発問・指示	教師と子どもの活動	期待される子どもの反応
問題把握	1 自動車は，どのようにしてつくられていましたか。	T：発問する C：教科書や資料集で既習内容を確認しながら答える	・自動車は，プレス，溶接，塗装，組み立て，検査の順につくられる。 ・関連工場でつくられた部品は，整備された港や高速道路を利用して，トラックなどによって，必要な時間に必要な量が，関連工場や組立工場に運ばれて，つくられる。（ジャストインタイム） ・組立工場は，関連（部品）工場と協力してつくり方を改良している。
	・関連（部品）工場は，どこにありますか。	T：発問する C：資料1を見て答える	・関連（部品）工場は，日本の全国各地にあり，高速道路や航路で組立工場とつながっている。 ・関連（部品）工場は，海外にもあり，組立工場と航路でつながっている。
	・全国の自動車組立工場が海外の工場からも部品を輸入していることは，どの資料からわかりますか。	T：発問する C：資料2を見て答える	・「主な輸入品」のうち，「機械類」と「そのほか」には，自動車の部品が多く含まれる。
	・自動車の材料・鉄はどこの工場でつくられていますか。	T：発問する C：答える	・日本の太平洋ベルトに製鉄工場は集中して立地している。
	・鉄の原料や自動車の燃料などは，どこからどうやって運ばれていますか。	T：発問する C：資料3を見て答える	・鉄鉱石や石油などは，タンカーなど船によって，ブラジルやサウジアラビアなど世界各地から運ばれる。
	・外国から原料を輸入し加工して製品を輸出することを何といいますか。	T：発問する C：資料4を見て答える	・加工貿易
	・1980年以前の貿易と1990年以後	T：発問する	・輸入品は，1980年以前は，原油など

3 「説明」型社会科授業の特色と問題

	の貿易の違いは，何ですか。	C：資料2・5を見て答える	燃料や原料品が多かったが，1990年以後はそれらは減って，機械類が増えている。 ・輸出品は，1980年以前は，鉄鋼や繊維品が多かったが，1990年以後はそれらが減って，機械類，自動車，その他が増えている。 ・**1980年以前は加工貿易といえるが，1990年以後は，加工貿易とのみはいえず，各国の得意分野を生かした貿易といえる。**
	2 2008年，日本の自動車は何台つくられていますか。	T：発問する C：資料6を見て答える	・資料「日本の乗用車生産台数の変化」をみると2008年は，約1000万台つくられている。
	3 2008年の日本の自動車生産台数は，世界第何位でしょうか。	T：発問する C：資料7を見て答える	・2008年の日本の自動車生産台数は世界第一位である。
	<u>4 なぜ，日本は，2008年自動車生産台数世界一を達成することができたのでしょうか。</u>	T：発問する C：話し合った後自らの意見を書く	・世界中でよく売れているから。注文が多い理由は，ジャストインタイムや流れ作業，カンバン方式，カイゼンによって，組立工場も関連工場もつくる人が高い技術で工夫しつつ，協力し，良質な車を大量生産し提供できるから。 ・組立工場と関連工場が，整備された高速自動車道や港によって結びつけられているから効率的に生産できる。 ・（まとめると）**自動車組立工場は部品工場と一体化するとともに，協力してつくり方を改良しているので，品質の良い自動車を生産することができる。(理論A)**
	5 資料8「日本の自動車生産・輸出と日本メーカーの海外生産」をみて，気づくことは何ですか。	T：発問する C：資料8を見て答える	・海外生産台数は，1985年以降増え続け，2008年には，国内生産台数と同じであった。
仮説の設定	6 なぜ，日本の自動車会社は，海外で自動車をつくるのでしょうか。（学習問題）	T：発問する C：予想し，話し合った後，ノートに仮説を書く	・現地生産すると，現地の人々の好みや自然環境に応じた自動車を開発しやすいから。(仮説1) ・現地生産すると，製品輸送の時間を省き，受注から販売までの納期が短くできるから。(仮説2) ・現地生産すると，国内生産と比べて製品の輸送費を削減できるため，その費用だけ安い価格で販売することができるから。(仮説3) （各自ノートに仮説を書く）
仮説の論理的	7 日本の自動車会社が，仮説1「現地の人々の好みや自然環境に応じた自動車を開発」しているのは，どのような国でしょうか。	T：発問する C：予想する	・自動車販売台数の多い国では，人々の好みや自然環境の研究をしているはずだから，そこに日本の自動車工場があるだろう。
	・現在の自動車販売台数が少ない国では，日本の自動車工場はないの	T：発問する C：予想する	・人口が多かったり，国土が広かったり，また，自動車の利便性がわかっている

Ⅱ 社会科授業4タイプの特色

帰結の推論	ですか。 8 日本の自動車会社が，仮説2「製品輸送の時間を省」く必要があるのは，どのような国でしょうか。 9 日本の自動車会社が，仮説3「安い価格で販売する」ため，海外への製品輸送費を削減できても，日本から海外工場への部品の輸送費がかかるのではないだろうか。	T：発問する C：予想する T：発問する C：予想する	人々の多い国なら，今後販売台数が増えるはずだから自動車工場があるだろう。 ・日本から遠く輸送時間のかかる国・地域に，日本の自動車工場があるだろう。 ・資料2「主な輸入品の取りあつかい額のわりあいの変化」によると，部品を輸入しているのがわかるから，海外の自動車工場近くには部品工場があるはずだ。
資料の収集・分析	10 自動車販売台数の多い国は，どこですか。 11「今後販売台数が増えるはず」の国，「人口が多い国」「国土が広い国」「自動車の利便性がわかっている人々の多い国」は，どこですか。 12「日本から遠く輸送時間のかかる国・地域」は，どこですか。	T：発問する C：資料9を見て答える T：発問する C：資料9・地図帳を見て答える T：発問する C：資料9・地図帳を見て答える	・2011年の世界全体の自動車販売台数は，1位中国，2位アメリカ，3位日本，4位ブラジルである。 ・6位インド，10位ロシアは，「今後販売台数が増えるはず」の国，「人口が多い国」「国土が広い国」「自動車の利便性がわかっている人々の多い国」といえる。 ・アメリカやブラジル，イギリスなどヨーロッパ，南アフリカ，オーストラリアは，日本から遠く輸送時間がかかる。
仮説の検証	13 日本の自動車工場がある国・地域は，どこですか。 14 仮説は正しかったといえますか。 15 海外の自動車工場近くには部品工場がありますか。 16 日本から近く，製品輸送にも部品輸送にもそれほど時間はかからないはずの中国で，なぜ日本の自動車工場が多いのでしょうか。 17 日本の自動車工場がある世界各国の賃金は，日本より安いですか。 18 なぜ，日本の自動車会社は，海外で自動車をつくるのでしょうか。（学習問題）自分の考えを書きましょう。	T：発問する C：資料10を見て答える T：発問する C：答える T：発問する C：資料10を見て答える T：発問する C：予想する T：発問する C：資料11・12を見て答える T：発問する C：ノートに書く	・中国，アメリカ，ブラジル，オーストラリア，イギリスなどヨーロッパ，インド，インドネシア，タイ，日本の自動車工場がある。 ・仮説は正しかったといえる。なぜなら，中国など海外の現地生産工場のある国・地域は，「今後販売台数が増えるはず」の国，「人口が多い国」「国土が広い国」「自動車の利便性がわかっている人々の多い国」「日本から遠く輸送時間のかかる国・地域」といえるから。 ・海外の自動車工場近くに部品工場がある。 ・中国では工場で働く人への賃金が安い。 ・賃金が安ければ，自動車の生産費が安くなり，価格も安くなる。 ・中国，インド，インドネシア，タイ，ブラジルでは，日本より格段に安い賃金となっている。 ・海外の人々のニーズに応えることができるから。なぜなら，自動車会社は，世界各地から最適な部品を仕入れ，世界の最適な場所で組み立てるから，好みの車を安く買い，早く届けてほしいという海外の人々のニーズに応えることができる。（理論B）

54

3 「説明」型社会科授業の特色と問題

【資料】
1 「クルマづくりのヒミツ」：『これで君もクルマ博士！クルマ教室』トヨタ自動車株式会社広報部，2012 年，10 頁．
2 「主な輸入品の取りあつかい額のわりあいの変化」：『新編　新しい社会 5 下』東京書籍，2014 年検定済，53 頁．
3 「主な輸入品の輸入相手国」：同上，52 頁．
4 「加工貿易」：同上，53 頁．
5 「主な輸出品の取りあつかい額のわりあいの変化」：同上，55 頁．
6 「日本の乗用車生産台数の変化」：『新しい社会 5 下』東京書籍，2010 年検定済，6 頁．
7 「世界の自動車生産」：『日本国勢図会 2010 ／ 11 年版』矢野恒太記念会，2010 年，218 頁．
8 「日本の自動車生産・輸出と日本メーカーの海外生産」：『日本のすがた 2013』矢野恒太記念会，2013 年，102 頁．
9 「主要国の四輪車販売台数推移」：『2013 年（平成 25 年）版日本の自動車工業』日本自動車工業会，2013 年，62 頁．
10 「日系自動車メーカーの海外生産国 / 地域」：同上，54 〜 55 頁．
11 「アジア各国の賃金格差」：『日本国勢図会 2010 ／ 11 年版』矢野恒太記念会，2010 年，92 頁．
12 「各国の 1 人あたり労働コスト」：『日本国勢図会 2011 ／ 12 年版』矢野恒太記念会，2011 年，91 頁．

（3）説明型授業「工業生産と貿易」の学習内容

「説明」型社会科授業では，子どもの理論獲得をめざす。ここでは，本単元で子どもの獲得するべき理論とは何か，学習内容を明示することを通して明らかにしたい。

①　わが国貿易状況の変化

2014 年財務省発表によると，わが国の 2013 年貿易収支は過去最大の赤字記録を更新した[5]。そして，新聞紙上に，"「輸出大国」見る影なく"の文字が躍った[6]。今，わが国の貿易構造は，大きく変化している。永くわが国の貿易構造は，いわゆる加工貿易といえた。しかし，1980 年代には，国内から原材料や部品を輸出し国外各地より製品を輸入するという水平貿易の方向へ変化しはじめ，1990 年代にはその傾向が顕著となった[7]。そして，21 世紀の今，日本で部品など中間財を生産し，中国・ASEAN がそれらを日本から輸入して自動車やテレビなど最終財に組み立て，これを欧米・日本に輸出するという三極間貿易構造が産業横断的に成立した[8]。（図 II-4 参

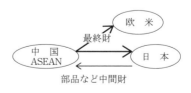

図 II-4　三極間貿易構造

照）かつての原料輸入・製品輸出という加工貿易パターンは，製造拠点の海外移転によってグローバル化した国際分業に主力を移している。

　このように貿易構造を変化させたきっかけは，1985年のプラザ合意による円高であり，日本と海外との貿易摩擦であった。しかし今や，むしろグローバル化によるメリットが，企業の海外展開を促進している。企業にとってグローバル化した方が，生産性が向上するからだ。その理由は2点挙げられる。第一の理由は，海外の新製品・新技術さらにはニーズに関する情報を即座に入手できることである。第二の理由は，日本では研究・高付加価値製品の開発に特化し，海外では低賃金労働力・低賃貸料に基づいた生産に特化できることである[9]。低賃金労働力・低賃貸料の地域は，かつてはアジアに限られていたが，今やメキシコなど新興国に求められ，グローバル化はさらに進んでいる。そしてこれまで，新興国はコスト低下を目的とした生産地としての位置づけであったが，今は市場として見直されつつある。新興国での生産は，納期の短縮や個別ニーズにあった製品製造が可能であり，市場に直結しているからだ[10]。貿易収支赤字化の背景には，このような企業の海外展開が本格化してきたことがある[11]。

　すなわち，**貿易から見たわが国工業生産の特色は，世界の最適地から部品・材料を調達し，最適地で生産し，最適地で販売するというグローバル化にある**[12]。そんな現代社会の特質こそが，本単元の学習内容の中核に位置づかなければならないだろう。

② 子どもの獲得する理論

　これまでわが国工業生産，なかでも自動車生産は，ジャストインタイム・カンバン方式を代表とする独自の工夫と組立工場・部品工場の一体化によって生産性を向上させ，海外への輸出拡大を果たしてきた[13]。この因果関係を学習内容として図式化すると，以下のようになるだろう。

　まず図Ⅱ-5の左側をご覧頂きたい。2008年，日本は，自動車生産台数世界一を達成した。なぜ，このような結果Aを生起することができたのだろうか。その原因は，「ジャストインタイムなど大量生産できる工夫」と「組立工場と

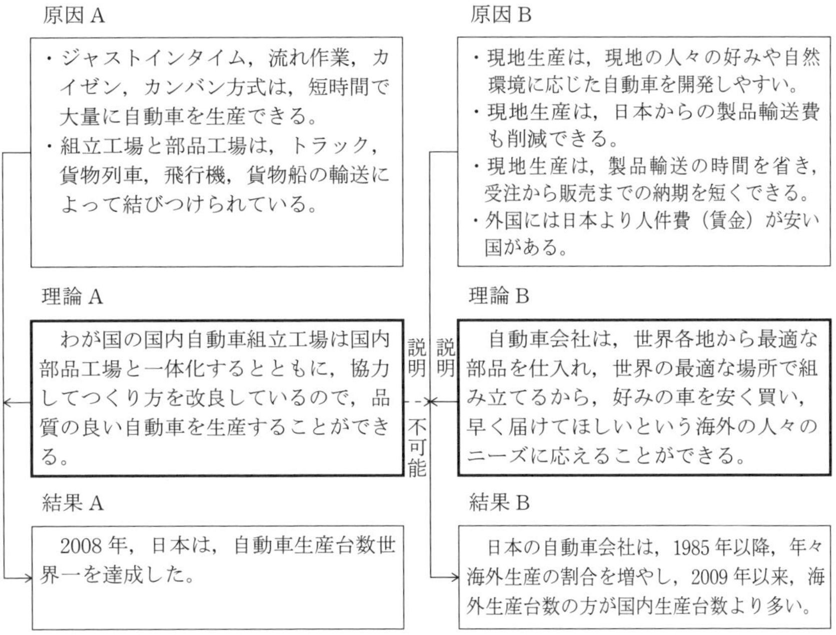

3 「説明」型社会科授業の特色と問題

原因A
・ジャストインタイム，流れ作業，カイゼン，カンバン方式は，短時間で大量に自動車を生産できる。
・組立工場と部品工場は，トラック，貨物列車，飛行機，貨物船の輸送によって結びつけられている。

原因B
・現地生産は，現地の人々の好みや自然環境に応じた自動車を開発しやすい。
・現地生産は，日本からの製品輸送費も削減できる。
・現地生産は，製品輸送の時間を省き，受注から販売までの納期を短くできる。
・外国には日本より人件費（賃金）が安い国がある。

理論A
わが国の国内自動車組立工場は国内部品工場と一体化するとともに，協力してつくり方を改良しているので，品質の良い自動車を生産することができる。

説明 ⇔ 説明不可能

理論B
自動車会社は，世界各地から最適な部品を仕入れ，世界の最適な場所で組み立てるから，好みの車を安く買い，早く届けてほしいという海外の人々のニーズに応えることができる。

結果A
2008年，日本は，自動車生産台数世界一を達成した。

結果B
日本の自動車会社は，1985年以降，年々海外生産の割合を増やし，2009年以来，海外生産台数の方が国内生産台数より多い。

図Ⅱ-5　単元「工業生産と貿易」の内容編成

部品工場の結びつき」にある。そしてこの結果Aと原因Aの因果関係を説明できる理論は次のようになるだろう。

―〈理論A〉――
　わが国の国内自動車組立工場は国内部品工場と一体化するとともに，協力してつくり方を改良しているので，品質の良い自動車を生産することができる。

　この理論Aは，本研究対象とする単元「工業生産と貿易」の前単元「自動車をつくる工業」で子どもが獲得するであろう理論である。この理論は，トヨタであろうと日産・ホンダであろうと通用する。ただし，これら日本の自動車会社は，1985年以降，年々海外生産の割合を増やし，2009年以来，海外生産台数の方が国内生産台数より多い。この事実を結果B（図Ⅱ-5右側，参

57

照）とすると，その原因には，図Ⅱ-5に示す原因B「現地生産は，現地の人々の好みや自然環境に応じた自動車を開発しやすい」「製品輸送費も削減できる」「製品輸送の時間を省き，…納期を短くできる」「人件費（賃金）が安い」が想定されるが，この因果関係を理論Aで説明することはできない。理論Aによると，海外に自動車工場をつくる必要はないからだ。しかし，現実には「日本の自動車」の海外生産台数は増え続けている。これを説明できる理論は，新たに生み出されなければならない。その新たな理論が，以下の理論Bである。

―――〈理論B〉―――
　自動車会社は，世界各地から最適な部品を仕入れ，世界の最適な場所で組み立てるから，好みの車を安く買い，早く届けてほしいという海外の人々のニーズに応えることができる。

　本項で具体的に提案する「説明」型社会科授業では，子どもの持つ理論が理論Aから理論Bへと成長することをめざしている。

（4）説明型授業「工業生産と貿易」の概要

　「説明」型社会科授業では，子ども自身が理論を獲得することができるよう，子ども自らの科学的探求が重視される。そこで，単元は前述した「基本的学習過程」ア〜オに対応して次のように展開される。

ア　問題把握

　自動車生産についての既習内容を確認し，発問4「なぜ，日本は，2008年自動車生産台数世界一を達成することができたのか」と問うことで，理論A「わが国の国内自動車組立工場は国内部品工場と一体化するとともに，協力してつくり方を改良しているので，品質の良い自動車を生産することができる」を引き出す。その上で，理論Aでは説明できない事実「海外生産台数は1985年以降増え続け，2008年には国内生産台数と同じ（になり，やがて2009年以来，海外生産台数の方が多い）」を掲示する。そうして，問題「なぜ，日本の自動車会

社は，海外で自動車をつくるのでしょうか」（学習指導過程・下線部）を把握させる。これは，子どもの知的好奇心を喚起し，学習問題の成立を図ることを意図している。

イ　仮説の設定

理論Ａは，生産者の視点から成り立っている。それでは通用しない事実を提示しているため，子どもは，消費者ニーズの視点から仮説を設定する。実験授業で子どもにより設定された仮説１「好みや自然環境に対応した自動車の開発」，仮説２「日本からの製品輸送時間を省き納期を短縮」，仮説３「日本からの製品輸送費を削減し安価で販売」，これらはすべて消費者ニーズへの対応である。

ウ　仮説の論理的帰結の推論

「仮説１・２・３が正しいとすると～であるはずだ」と論理的帰結を推論する過程である。仮説１が正しいとすると，「自動車販売台数の多い国で研究しているはずだから，そこに工場があるだろう」と，論理的に推論させる。また，仮説２「製品輸送時間を省く必要がある」のは，「きっと日本から遠くて輸送時間のかかる国・地域だろう」と推論させる。そして，仮説３「安価で販売」しようとするなら，「製品の輸送費ばかりではなく，部品の輸送費も削減するために，そこには部品工場があるはずだ」といった推論をさせたい。そのために，「学習指導過程」の中に矢印で示したように，子どもの設定する仮説１・２・３に対応して，発問７・８・９を設定している。

エ　資料の収集・分析

仮説および仮説の論理的帰結の推論が正しいものであることを証明するために，資料を収集・分析させる。ここでは，資料９「主要国の四輪車販売台数推移」で各国の販売台数を調べさせたり，地図帳で各国の人口や国土の広さ，日本からの距離を調べさせたりする。

オ　仮説の検証

仮説が正しかったかどうか，確かめる過程である。この指導計画では，子どもから人件費（賃金）に着目した意見は出てこないと予想される。そこで，発

問 16「日本から近く，製品輸送にも部品輸送にもそれほど時間はかからないはずの中国で，なぜ日本の自動車工場が多いのでしょうか」と問いかけて，人件費に気づかせる。その上で発問 17「日本の自動車工場がある世界各国の賃金は，日本より安いですか」と問えば，それまでに収集・分析した資料の読み取りや討論の結果も合わせて[14]，以下の理論Bに気づくだろう。

理論B「自動車会社は，世界各地から最適な部品を仕入れ，世界の最適な場所で組み立てるから，好みの車を安く買い，早く届けてほしいという海外の人々のニーズに応えることができる。」

(5) 子どもの身につける社会認識

「説明」型社会科授業としての単元「工業生産と貿易」では，次のような社会認識がめざされる。

① **科学的探求による事実認識**：子どもが社会的事象に対して「なぜ」と問い，仮説の設定・検証を通して，変化する社会的事象の具体的な事実や事象相互の関係を発見する。

―〈例〉―
貿易の観点から見えてくるわが国工業生産の現状がわかる。

② **原因・結果の関係から説明できる理論の獲得**：社会的事象がなぜ生起したのか，原因・結果の関係から説明できる理論を自ら獲得する。

―〈例〉―
理論「自動車会社は，世界各地から最適な部品を仕入れ，世界の最適な場所で組み立てるから，好みの車を安く買い，早く届けてほしいという海外の人々のニーズに応えることができる」を獲得する。

③ **条件・予測の関係から説明できる理論の獲得**：社会的事象が今後どうなるか，条件・予測の関係から説明できる理論を自ら獲得する。

> ―〈例〉―
> 「今現在は自動車工場はここにあるが，今後ニーズに応えることができる〜へ移転するだろう」と工業生産の未来を予測できる。

(6)「説明」型社会科授業の問題点

① 「仮説の設定」「仮説の論理的帰結の推論」の実現が困難

　子どもにとって，「なぜ」発問に答えることは容易ではない。子どもには，仮説がなかなか設定できないのである。たとえ仮説ができたとしても，「論理的帰結の推論」は容易ではない。発達段階から見て，小学生はなかなか論理的に考えることはできず，一部の子どもの論理的推論を大多数の子どもは追認せざるを得ない，という実態がある。「資料の収集・分析」は，ここ最近の全国的な授業改善によって，かなりの子どもができるようになってきている。ただし，仮説や仮説の論理的推論ができなければ，どのような資料を収集したら良いのか判断できないため，多くの子どもは，受け身にならざるを得ない。

② 深い教材研究が必要

　理論（法則）は社会諸科学の研究成果によるため，書籍を読んで理論（法則）を抽出しなければならない。その上，理論を子ども自身が獲得できるであろう典型的事例を見つけ，教材化するには教師の力量と時間が確保されなければならない。しかも，現代社会は急激に変動し続けているため，理論はもちろん，授業で使用する資料は，常に更新される必要がある。

③ 価値判断力・意思決定力の育成をめざしていない

　この授業タイプでは，理論の獲得および成長をめざしているため，事実認識にとどまる。子ども自身が価値判断したり意思決定したりする能力の育成を重視するのであれば，そういう場面を意図的に設定し，単元構成を作り直す必要がある。

（7）「説明」型社会科授業の問題点解決への対策

　子ども自身が仮説を設定することができるような発問を開発する必要がある。子どもが原因・結果の関係や条件・予測の関係を説明できるように，「なぜ」以外に発問を新たに開発したい。また，子ども自身が仮説を吟味できるよう，中学年段階よりこのタイプの社会科授業を経験することも重要だろう。高学年になっていきなり，「なぜ」と問いかけたり，仮説設定・吟味をさせようとしてもむずかしい。もちろん，何でも言える支持的風土のある学習集団をつくっていくことが大前提となる。

　そして，「子どもが主体的に価値判断・意思決定できる場面」を学習過程に組み込むことも効果的だろう。

●註●
1) 森分孝治『社会科授業構成の理論と方法』明治図書, 1978年。戸田善治「社会科における説明」社会認識教育学会編『社会科教育学ハンドブック』明治図書, 1994年, 187〜196頁。
2) 日常生活において，誰でもが理論を持っているといえるだろう。例えば，「私は雨女だから，私が主催する今度のイベントは雨だろう」といったものである。当日もし雨が降ったりすると「ほら，やっぱり…」となる。度重なる偶然が，因果関係や条件予測の関係を生み出すのである。もちろん，この例のような日常的常識的理論は非科学的であり，いつでも反証される可能性を有するが，結構わたしたちはこのような理論になじんでいる。
3) 「需要・供給と価格の変動」を例に挙げたのは，森分孝治『社会科授業構成の理論と方法』（明治図書, 1978年, 113頁）において例示されるとともに，かつて中央教育審議会答申「幼稚園, 小学校, 中学校, 高等学校及び特別支援学校の学習指導要領等の改善について」（『初等教育資料』平成20年3月号, No. 832, 84頁）で重要な学習活動として例示されていたため, 具体的で適切であると判断したからである。理論は，平成29年版学習指導要領社会におけるキーワード「概念等に関する知識」に該当する。
4) 小原友行「社会的な見方・考え方を育成する社会科授業論の革新」社会系教科教育学会『社会系教科教育学研究』第10号, 1998年, 5〜12頁。
5) 調査グループ『日本貿易の現状 Foreign Trade2014』一般社団法人日本貿易会,

2014 年，6 頁。
6) 2014 年 1 月 28 日付中国新聞。
7) 奥和義『日本貿易の発展と構造』関西大学出版部，2012 年，205 頁。
8) 橋本寿朗他『現代日本経済〔第 3 版〕』有斐閣，2011 年，347 頁。福田邦夫・小林尚朗編『グローバリゼーションと国際貿易』大月書店，2006 年，323 頁。ジェトロ編『ジェトロ世界貿易投資報告　2011 年版』（ジェトロ，2011 年，76 頁）では，最終消費地として日本が挙げられている。
9) 浦田秀次郎・財務省財務総合政策研究所編『グローバル化と日本経済』勁草書房，2009 年，69 頁。片山立志『絵でみるシリーズ　改訂版　絵でみる貿易のしくみ』日本能率協会マネジメントセンター，2013 年，26 頁。
10) ジェトロ編『ジェトロ世界貿易投資報告　2013 年版』ジェトロ，2013 年，109 頁。なお，本書では日本の自動車メーカーが「地産地消」を進めていることを紹介している。
11) 伊藤元重編『日本の国際競争力　貿易・国際収支の構造的変化がもたらすもの』中央経済社，2013 年，43 頁。
12) 浦田秀次郎・財務省財務総合政策研究所編『グローバル化と日本経済』勁草書房，2009 年，224 頁。
13) トヨタ自動車の成立・発展の経緯は，和田一夫『ものづくりの寓話』（名古屋大学出版会，2010 年）に詳しい。
14) 人件費や輸送費，輸送時間への着目を重視する本過程は，平成 20 年版学習指導要領社会での新たな指示「価格や費用，交通網について取り扱う」（文部科学省『小学校学習指導要領解説　社会編』東洋館出版，2008 年，65 頁）を具体化するものである。それは，平成 29 年版学習指導要領社会の産業学習にも引き継がれている。

4 「意思決定」型社会科授業の特色と問題
　－「最善策の選択＝意思決定」すると社会がわかる5年「今後の食料生産」－

(1)「意思決定」型社会科授業の特色

　このタイプの授業は，**社会的論争問題を取り上げ，すべての対策（解決策）の中から，より望ましいと判断できるものを選択すなわち意思決定させる**ことを通して，事実認識ばかりではなく，価値判断・意思決定の能力をも育成しようとするものである。

　社会科の究極の目標は，公民（市民）としての資質・能力の育成である。公民（市民）としての資質・能力とは，幅広く，様々な内容を含む概念であるが，一言で表現するならば，「対応が必要とされる社会問題に対して原因を探求し，より多くの他者が納得できる対策を立案し，選択できる能力」といえよう。「選択」は，根拠があり，合理的な判断に基づいていることが求められる。このような選択ができる能力を，意思決定力と呼び，その育成をめざす授業タイプが「意思決定」型社会科授業である。

〈学習活動〉

　このタイプの授業づくりにおいては，「問題への対策の中から，より望ましいと判断できるものを選択・決定する活動」が中核となる。なぜなら，意思決定力を育成するには，授業において意思決定場面を設定し，子ども自身に意思決定を経験させることが必要だからである。経験を積めば積むほど，子どもの意思決定はレベルアップするだろう。そのために社会問題を扱うのである。身近な問題例でいえば，「増え続けるゴミをどう処分すればよいのか」「建て替えを迫られているゴミ焼却場をどこに新設すればよいのか」といったゴミ問題が挙げられる。対外的な問題例でいえば，「日本へ農産物輸入自由化を迫る外国に対して，どう対応すればよいのか」といった貿易自由化問題が挙げられる。これら社会問題は，対立する価値を含んでおり，人々の意見が分かれる問題である。それらは，いわゆる社会的論争問題といわれる。

さて，**合理的判断に基づいた意思決定とは，科学的な事実認識と価値判断の批判的吟味に基づいたもの**である。科学的な事実認識とは，子どもが社会的事象に対して「どのような〜だろうか」「なぜ〜なのだろうか」と問いかけることによって問題の事実を理解し，因果関係や目的・手段の関係など事象相互間の関係を把握することである。例えば，「自分たちの住んでいる町のゴミ問題はどのようになっているのだろうか」と具体的な事実を把握したり，「なぜゴミはこのように増え続けているのだろうか」と因果関係を明らかにしたりすることである。そして，価値判断の批判的吟味とは，「この対策（解決策）はどのような結果を招くと予測できるのか」について，採ろうとする対策（解決策）の妥当性を吟味したり，「この対策（解決策）はどのような立場の人々が賛成し，どのような立場の人々が反対するだろうか」と自らの価値を見直し，他者の価値観にも想いを寄せて解決策を吟味したりすることである。例えば，ゴミの最終処分場を海岸に設けるならば，漁民や海洋生物の保護団体が反対することが予想される。一方，山間部の谷間に最終処分場を設けるならば，地域住民や動植物の保護団体が反対するであろう。とはいえ，最終処分場はどこかに設けなければ，町中はゴミだらけになってしまう。自らの価値に固執するだけでは，社会問題は解決できないのである。このような学習場面を経験することを通して，子どもたちには意思決定の能力育成とともに，事実認識と価値認識も形成されるであろう。

〈中核発問〉

　授業における中核発問は，「どうすればよいのでしょうか」または，（複数ある対策・解決策の中から）「どの対策（解決策）がより望ましいのでしょうか」となるだろう。

　以下に例示する授業では，「わが国の食料（自給率低下）問題」を扱っている。第5学年では，わが国の農業・水産業の特色を学ぶ。その後，学習する小単元「今後の食料生産」を「意思決定」型社会科授業として例示したい。この授業では，「わが国の食料自給率低下という問題状況において，食料確保をどうすればよいのでしょうか」という学習問題のもと，子どもたちによりよい対策を

立案・選択させる。

〈基本的な学習過程〉

　社会的論争問題は，子どもにとってなじみがない問題といえる。そこで，「導入」「まとめ」をあえて入れて，授業過程は，導入・展開・まとめの３段階とした。「導入」部分では，社会的論争問題が子どもにとって身近な問題となるよう，丁寧に扱おう。そして，「まとめ」部分では，それまで考えたこともなかった社会問題に対する自分自身の考えを自覚させたい。もちろん，「導入」「まとめ」は，他のタイプの授業づくりでも大切な過程であって，「意思決定」型特有の過程ではない。「意思決定」型特有の過程は，展開部での「意思決定」の活動を行う過程である[1]。

Ⅰ　導入：社会的論争問題に出会う。

Ⅱ　展開：「意思決定」の活動を行う。

ア　問題把握

　社会的論争問題を自分たちの生活と関連づけて，「どのような問題か」について具体的に把握する。

イ　原因究明

　問題発生の原因について，「なぜその問題が生じるのか」明らかにする。

ウ　すべての対策（解決策）の提出

　「問題への対策（解決策）すべて」を考え，確認する。

エ　対策（解決策）の論理的結果の予測

　対策（解決策）ひとつ一つに対して，「もしそのような対策（解決策）を実行したら，どのような結果が生じるか」について予測する。

オ　対策（解決策）の選択と根拠づけ

　複数想定する対策（解決策）の中から，最善と考えられる対策（解決策）を選択し，「なぜそのように判断したのか」について根拠を確認する。

Ⅲ　まとめ：社会的論争問題について自らの考えをまとめる。

(2)「意思決定」型社会科授業の実際

4 「意思決定」型社会科授業の特色と問題

〈単元名〉「今後の食料生産」

〈単元目標〉

○ 「食料の輸出を禁止する国が想定されるため,それぞれの国は自国で食料を確保する必要があること」(食料安全保障)がわかる。

「わが国からは得意分野である工業製品を輸出し,食料は輸入すればよいという考え」(比較優位の原理)がわかる。

「水田には国土保全(洪水・土砂崩れの防止),環境保全(空気浄化・気温調節),水源という多面的機能があること」がわかる。

「食料を自ら生産するにせよ,輸入するにせよ,食料を確保するには外交関係が良好でなければならないこと」がわかる。

○ 統計資料や文章資料,図や写真などの資料から読み取った情報をもとに,他者の考えと比較しつつ,自らの考えに活用する。【知識・技能】

○ わが国の食料問題の原因や対策を考え,複数の対策を吟味する。

○ わが国の食料問題についての最善の対策を選択し,その理由を説明することができる。【思考・判断・表現】

○ わが国の食料問題および今後の食料生産について関心を持ち,意欲的に調べ,自らの解決策を持とうとする。【主体的に学習に取り組む態度】

〈指導計画〉

第1次 「わが国の食料(自給率低下)問題」の原因究明…………2時間
第2次 「わが国の食料(自給率低下)問題」の対策の提出・吟味………1時間
第3次 「わが国の食料(自給率低下)問題」の対策の選択………1時間

〈学習指導過程〉　　　　※下線部は中核発問　ゴシックは知識・技能目標の概念(理論)

過程	教師による主な発問・指示	教師と子どもの活動	期待される子どもの反応
導入	1 スーパーマーケットに並べられた食品を見て,気づくことは,何ですか。	T:発問する C:資料1をみて答える	・スーパーマーケットの食品売り場には,外国産が多い。 ・国産より外国産の方が安い野菜・果物がある。
	2 わたしたちが食べている食料品は,国産と外国産とどちらが,多いでしょうか。	T:発問する C:資料2をみて答える	・米のほぼ全てと野菜の8割は国産だが,他の食品は外国産が多い。
	3 日本と主な国の食料自給率を比べ	T:発問する	・2009年日本の食料自給率は約40%で,

II 社会科授業4タイプの特色

問題把握	ると，どんなことがわかりますか。	C：資料3をみて答える	・アメリカなどは100％を超えている。 ・日本の食料自給率は1970年以降，年々下がり続けている。
問題把握	4 食料品別の輸入量は，どのように変化していますか。	T：発問する C：資料4をみて答える	・小麦・肉・野菜・果物など1960年以降，年々輸入量は増え続けている。
問題把握	5 食料自給率が下がり続けると，どんな問題が起こりますか。	T：発問する C：予想した後，資料5をみて確かめる	・輸入相手国が天候不順や災害などにより不作となった場合，日本への輸出をしなくなると，国民は飢えに苦しむことになる。
原因究明	6 <u>なぜ，わが国の食料自給率は下がり続けているのでしょうか。</u>資料を見て，「食生活」「産業別人口」「土地利用」の変化を考えましょう。	T：発問する C：既習内容や資料6・7・8から答える	・和食から洋食へ変化し，しかも，手作りから外食や総菜の購入へと変化した。 ・農業や水産業で働く人の割合が減り，高齢化が進んでいるため，野菜や魚介類の生産が需要に応えられない。 ・宅地面積が増え，田畑の面積が減った。 ・畜産のための飼料は輸入している。 ・漁業の生産量減少の原因には，資源の減少・枯渇もある。
すべての対策の提出	7 <u>わが国の食料自給率は低下しています。国民の食料確保をどうすればよいのでしょうか。</u> ・畜産のための飼料や小麦，野菜，魚介類をどうやって確保すればよいですか。それはなぜですか。 ・食料輸入に際しては，どのような貿易が望ましいでしょうか。それはなぜですか。	T：発問する C：答える	・（対策1）自給率の低下を止めて，上昇させる。そのために，農家に飼料用米や小麦，ニーズの高い野菜の栽培をすすめる。また，漁業資源の保護を図る。なぜなら，食料の輸出を禁止する国に備えて，**それぞれの国は自国で食料を確保する必要があるから。**（食料安全保障） ・（対策2）これまで通り，輸入食料を確保できるように複数の輸入先を確保するとともに，わが国から農水産物を輸出する。なぜなら食生活の変化は止められないから。**わが国からは得意分野である工業製品を輸出し，食料は輸入すればよい。**（比較優位の原理）
対策の論理的結果の予測	8 対策1「自給率を上昇させる」ことにすると，どのような結果が予測できますか。必要な取り組みと今後心配なことを考えましょう。	T：発問する C：既習内容から予測する	・農家に飼料用米や小麦，ニーズの高い野菜の栽培をすすめるには，我が国の自然条件に合った品種に改良したり新しい栽培方法を確立したりする取り組みが必要だ。また，転作のための費用を保障する必要があり，国民全体への税負担を増やすことになる心配がある。 ・漁業資源保護のため漁獲量を制限して漁業者の所得を保障したり，**外国と漁獲量制限のための交渉をしたりする**必要がある。
対策の論理的結果の予測	9 対策2「複数の輸入先を確保し，農水産物の輸出を増やす」ことにすると，どのような結果が予測できますか。必要な取り組みと今後心配なことを考えましょう。	T：発問する C：既習内容や資料9・10・11から予測する	・複数の**食料輸入先を確保するには外交関係が良好でなければならない。**なぜなら，世界の人口は増え続けているのに，耕地面積は1980年代以降変わらないため，将来地球規模での食料不足

			が予想され，輸入先を確保できる保障がないから。 ・輸入食料の安全・安心を確保できるよう検査の仕組みをしっかり作りたい。 ・今の農業を守るため，棚田も含めて田を守る必要がある。**水田には国土保全（洪水・土砂崩れの防止），環境保全（空気浄化・気温調節），水源という多面的機能がある**から。農家には補助金を払ってでも耕作を続けてもらう。
対策の選択と根拠づけ	10 あなたが最善だと認める対策はどれですか。なぜ，それを選択するのですか。	T：発問する C：答える	（各自根拠を明確にして選択する） ・（例）対策1「自給率を上昇させる」ことにする。食料は国民の健康・安全を保障するために必要だから。また，農業は環境保全に果たす役割が大きいから。 ・（例）対策2「複数の輸入先を確保し，農水産物の輸出を増やす」ことにする。工業で国際分業が進んでいるように，農業や水産業でも海外の人々と分業・協力して生産することはできるから。
まとめ	11「日本の食料問題」について，自ら考える最善の解決策をノートに書きましょう。	T：発問する C：ノートに書く	（各自，複数の解決策それぞれの良い点・問題点を明らかにして，自らが選択する最善策の根拠を明示する）

【資料】
1 「スーパーマーケットの食品陳列写真」：『新編 新しい社会5上』東京書籍，2014年検定済み，112頁。
2 「日本のおもな食料の自給率」：『社会科資料集5年』日本標準，2016年，74頁。
3 「日本と主な国の食料自給率」：『新編 新しい社会5上』東京書籍，2014年検定済み，113頁。
4 「食料品別の輸入量の変化」：同上，115頁。
5 「農業協同組合の後藤さんの話」：同上。
6 「和食と洋食の写真」：同上，114頁。
7 「産業別の人口の割合の変化」：同上，115頁。
8 「土地利用の変化」：同上。
9 「世界の人口の変化（国際連合）」：『小学社会5上』教育出版，2010年検定済み，96頁。
10 「世界の耕地面積の変化（国際連合）」：同上。
11 「その年耕作をやめた田畑の面積と，耕作放棄地（何年も耕作していない田畑）の面積のうつり変わり」：『新しい社会5上』東京書籍，2010年検定済み，85頁。

〈意思決定型授業「今後の食料生産」の概要〉

　これまで，わが国の食料自給率は低下し続け，国民の食料確保は非常に重要な問題となっている。「わたしたち国民の食料確保は，どうすればよいのだろうか」という「食料問題」についての対策を考え，最善の対策を選択させるのが，本授業である。
　学習内容は，図Ⅱ-6のように図式化できるだろう。

Ⅱ　社会科授業4タイプの特色

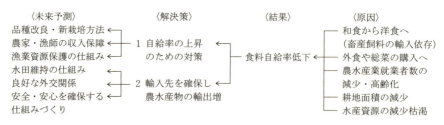

図Ⅱ-6　単元「今後の食料生産」の内容編成

　まず，食料自給率低下の原因を理解させたい。第一の原因は，食生活の変化である[2]。戦後，日本は高度経済成長を通して豊かになるとともに洋食化が進んだ。米食中心は変わらないものの，米の消費量は日本人一人一年当たり1962年の118 kgから2010年には60 kgへと半減した。一方，パンやパスタなど小麦の消費量は増え続けた。また，肉の消費量も増え続けたが，畜産の飼料はほぼ全て輸入されている。第二の原因は，食の外部化の進展である[3]。1980年には夫婦と子どもの世帯が一般的といえるほど最も多かったが，今や単身世帯が最も多く，夫婦のみの世帯も2割近い。このような世帯構成の変化と長時間労働は，外食や総菜の購入を促進し，コンビニ弁当に代表される中食は一般的なスタイルとなっている。コンビニやスーパーマーケットなど量販店が求めるサイズや生産量などに対応できるのは「海外もの」である[4]。第三の原因は，農水産業従業者数の減少と高齢化である[5]。コンビニやスーパーマーケット・ファミリーレストランの誕生・増加，冷凍・レトルト食品やインスタント食品の開発は，低価格・定量・高品質の食材需要を生み出したが，農家や漁師は高齢化し，需要に応えきれない。そこで，企業は，外国からの開発輸入を促進したのである。第四の原因は，耕地面積の減少である[6]。経済発展と人口増加に伴って，宅地面積は増え続け，田畑の耕地面積は減り続けている。第五の原因は，水産資源の減少・枯渇である[7]。わが国の漁業資源の管理は，効果的とはいえず，年々漁獲量は減り続けている。一方，ノルウェーなどでは，水産資源が保全され漁獲量は増えている。2015年，わが国は北太平洋のクロマグロやサンマの資源保護を外国と交渉しているが，対策は後手に回っているといわざ

るを得ない。

　以上5つを原因として，わが国では「食料自給率低下」が止まらない。この食料問題への対策は，大きく分けて2つあるだろう。1つめの対策は，「自給率を上昇させるための対応を採る」ことである。農家には，過剰生産となっている米作りから飼料用米や小麦，野菜への転換をすすめる。そのためには，日本の自然条件でも栽培しやすい品種の開発や栽培方法の確立が求められる。移行期の農家には，国民全体の税負担のもと，補助金による収入保障をしたい。また，漁業資源の保護のため，近隣諸国との漁獲量制限のための交渉も必要だろう。このような政策を採る背景には，食料安全保障という考え方がある[8]。2008年以降の食料不安に際して，多くの生産国は食料輸出を規制した。例えば，カンボジアは2008年に米の輸出を禁止し，2010年ロシアは小麦の輸出を止めた。国民の食料確保は，国家の責務である。2つめの対策は，「複数の輸入先を確保し，農水産物の輸出を増やす」ことである。「わが国からは得意分野である工業製品を輸出し，食料を輸入すればよい」という考え方は，「貿易によって世界各国お互いに利益がある」という考え方で，比較優位の原理という[9]。もちろん農地はゼロで良いという極論ではない。水田には，国土保全（洪水・土砂崩れの防止），環境保全（空気浄化・気温調節），水源という多面的機能がある[10]のだから，農家には補助金を払ってでも守りたい。ただし，これまで以上により多くの海外の国・地域に，食料を依存する以上は，安全安心を確保するための仕組みは必要になるだろう。近年，ウナギの産地偽装や禁止薬物の使用等が報じられ，消費者の安全意識は高くなっている。

　以上のような，「自給率を上昇させるための対策」であろうとも，「食料の海外依存を確実にするための対策」であろうとも，いずれにせよ外国との良好な関係のもと交渉をしなければならない。

　このような本単元の内容編成を図式化すると，図Ⅱ-6のようになる。なお，本単元では，意思決定という方法の獲得が主目標ではあるが，知識・技能目標としては，「食料安全保障」「比較優位の原理」「農業の多面的機能」「良好な外交関係」という4概念の獲得をめざしている。

さて，基本的な学習過程に対応して，単元「今後の食料生産」は，以下のように展開する。

I　導入：社会的論争問題に出会う

導入場面では，スーパーマーケットでの食品の観察から外国産食品の多いことに気づかせる。そして，わが国と主な国の食料自給率を比較させることにより，わが国食料自給率が年々下がっているという事実に問題意識を持たせる。

II　展開：「意思決定」の活動を行う

ア　問題把握：「どのような問題か」

子どもたちは，豊かな食生活を享受している。そこで，発問5「食料自給率が下がり続けると，どんな問題が起こりますか」によって，輸入先の国で天候不順や災害などが発生すると日本への輸出を止められる可能性があり，そうなると国民は飢えに苦しむ危険性があることに気づかせる。

イ　原因究明：「なぜそのような問題が生じるのか」

発問6「なぜ，わが国の食料自給率は下がり続けているのでしょうか」によって，自給率低下の原因を明らかにさせる。その際，農業・水産業の既習内容を振り返らせたり，資料を読み取らせたりすることで，食生活の変化さらには，土地利用や農業・水産業の就業者数の変化に気づかせたい。

ウ　すべての対策の提出

発問7「わが国の食料自給率は低下しています。国民の食料確保をどうすればよいのでしょうか」についての対策は，大きく分ければ2つあるだろう。一つめの対策は，「自給率の低下を止めて，上昇させる」ことである。ここでは，食料安全保障の考え方に気づかせたい。二つ目の対策は，「自給率が下がることは仕方がない」ので，食料輸入が確実にできるよう複数の輸入先を確保しようとするものである。ここでは，比較優位の原理に気づかせたい。

エ　対策の論理的結果の予測：「もしそのような対策を実行したら，どのような結果が生じるか」

それでは，対策1「自給率を上昇させる」ために，飼料用米や小麦，野菜栽培を農家にすすめるとすると，どのような取り組みが必要になるだろうか。国

は，農家に新たな作物栽培へ転換するための費用を保障しなくてはならないだろう。また，漁業資源を保護して漁獲量を増やすには，外国との交渉が必要だろう。対策2「複数の輸入先を確保し，農水産物の輸出を増やす」ことにすると，世界の人口は増え続けているのに耕地面積が横ばいの状況において，果たして今後，世界は日本に食料を輸出し続けてくれるだろうか，という不安が生まれる。また，日本の厳しい安全基準を諸外国が守るかどうか不安もある。ここでは，農業には多面的機能があるのだから，農地をゼロにすることはできないことに気づかせたい。

オ　対策の選択と根拠づけ：「なぜそのように判断したのか」

既に複数提出された対策の中から，最善だと認めるものを選択させる。その際，他者が納得できるよう根拠を明示させることが重要である。

Ⅲ　まとめ：社会的論争問題について自らの考えをまとめる

根拠となる事実や拠り所となる価値を明示して，自らの判断を自覚させたい。

〈身につけさせること〉

①　科学的探求による事実認識

子ども自身が社会的事象に対して「どうなっているか」「なぜか」と問い，問題への対策を吟味・選択していく学習経験は，科学的探求方法を身につけることになるだろう。その過程を通して，自給率低下の因果関係に気づいたり，食料問題への対策がどのような結果を招くことになるのか，未来予測ができる。

-----〈例〉-----
食料自給率の低下は，農業・水産業の就業者数の減少・高齢化に起因していることがわかる。

②　最善の対策の選択

根拠を明示し，他者を納得させることのできる論理性のもと最善の対策を選択することは，意思決定力の育成に有効だろう。

> 〈例〉
> 対策1「補助金を出してでも農家に飼料用米を作ってもらえば，畜産のための飼料の輸入は減って，少しでも自給率は上昇するだろう」を選択する。

(3)「意思決定」型社会科授業の問題点

① 「すべての対策の提出」「対策の論理的結果の予測」は困難

　子どもにとって，「すべての対策」を提出することは容易ではない。食料問題への対策は，政治・経済・国際関係・環境問題など，様々な分野に関わるからだ。たとえ，いくつかの対策を立てることができたとしても，子どもが論理的に思考できるには指導が必要であって，「対策の論理的結果の予測」は，多くの子どもにとって難しい[11]。

② 教材化できる社会問題が少ない

　社会問題そのものは無数に存在するが，子どもの発達段階に対応した社会問題は少ない。ニュースで報道される多くの社会問題は，第5学年の産業学習で扱える内容や第6学年の政治学習で扱える内容が多い。3・4学年の地域学習で扱えそうな内容は，見過ごしてしまう。

③ 深い教材研究が必要

　わが国食料問題への対策を考え意思決定するためには，「農業や水産業の抱える課題」「農地の持つ社会的機能や文化」など，幅広く確実な事実認識が必要とされる。子どもたちは，教師にとっては予想外の対策を提出することも予想され，教師は幅広くかつ深い教材研究が必要とされる。

④ 明確な答えがない

　「意思決定力の育成」を目的とした場合，教師は評価基準を明確に持っていなければ，授業は何を言っても良い収拾のつかない授業になってしまう危険性がある。例えば，本授業の場合，子どもの意思決定は，対策1・2いずれでも良いため，何を身に付けさせるのか，目標の曖昧な授業となる危険性がある。一方，「意思決定力の育成」を手段とした場合には，何を認識させようとする

のか，明確にすることが求められる。

（4）「意思決定」型社会科授業の問題点解決への対策

　社会問題は，政治・経済など様々な分野と関わっているため，対策の提出は難しい。そこで，問題そのものを単純化して，対策を出しやすくする工夫が必要になる。もし子どもから対策が出なければ，現在実施されている対策を子どもたちにわかりやすく説明し，それを評価させることも良いだろう[12]。

　なお，教材化できる社会問題を見つけるには，日頃から「教材化は出来ないか」という意識でニュースを見聞きすることが大切である。社会問題は，5学年で扱えるものが多いが，地方の新聞には，中学年の地域学習で扱えそうなニュースがしばしば掲載されている。

● 註 ●

1)　小原友行「社会科における意思決定」社会認識教育学会編『社会科教育学ハンドブック』明治図書，1994年，167～176頁。
2)　生源寺眞一『日本農業の真実』筑摩書房，2014年，39頁。農林水産省編『平成27年版　食料・農業・農村白書』農林統計協会，2015年，44頁。
3)　農林水産省編『平成27年版　食料・農業・農村白書』農林統計協会，2015年，49頁。
4)　高柳長直他編著『グローバル化に対抗する農林水産業』農林統計出版，2011年，53頁。濱田武士『日本漁業の真実』筑摩書房，2014年，65頁。水産庁編『水産白書　平成28年版』農林統計協会，2016年，25頁。
5)　日本農業市場学会編『問われるガット農産物自由貿易　ウルグアイ・ラウンド協定と日本農業』筑波書房，1995年，29頁。農政ジャーナリストの会編『日本農業の動きNo.138　急増する輸入野菜と国内供給』農林統計協会，2001年，12頁。中村靖彦『食の世界にいま何がおきているか』岩波書店，2005年，26頁。宮地忠幸他編著『グローバル化に対抗する農林水産業』農林統計出版，2011年，53頁。樫原正澄・江尻彰『今日の食と農を考える』すいれん舎，2015年，14頁。
6)　荏開津典生・鈴木宣弘『農業経済学　第4版』岩波書店，2015年，214頁。
7)　八田達夫・髙田眞『日本の農林水産業』日本経済新聞，2012年，206～207頁。

8) 中村靖彦『日本の食糧が危ない』岩波書店，2011 年，89 頁。本間正義『農業問題』筑摩書房，2014 年，96 頁。
9) 生源寺眞一『農業がわかると，社会のしくみが見えてくる』家の光協会，2013 年，162 頁。
10) 常盤政治他編著『日本経済と農業問題』ミネルヴァ書房，1994 年，358 〜 359 頁。服部信司『グローバル化を生きる日本農業　WTO 交渉と農業の「多面的機能」』日本放送出版協会，2001 年，29 頁。
11) 授業の組織や課題については，前掲書 1) および以下の文献を参考にした。猪瀬武則「意思決定としての社会科の授業づくりと評価」全国社会科教育学会編『社会科教育実践ハンドブック』明治図書，2011 年，37 〜 40 頁。峯明秀「社会科における意思決定」社会認識教育学会編『新　社会科教育学ハンドブック』明治図書，2012 年，186 〜 194 頁。
12) 尾原康光は，『社会科重要用語 300 の基礎知識』（明治図書，2000 年，124 頁）において，社会的判断力には，「社会的問題の合理的な解決策，あるいは合意形成可能な解決策をつくりだしてゆく能力（政策形成能力）」と「専門家によって提出された解決策を評価する能力（政策批判能力）」の 2 つの立場があることを示している。

5　社会科授業4タイプの異同と生かし方

(1) 社会科授業4タイプの異同

　平成29年版学習指導要領では，子どもたちを「よりよい社会の創り手」へと育成するために目指す資質・能力の明確化を求めている。したがって，現場教師たちには，以下の問い（テーマ）に答える授業づくりが求められるだろう[1]。
① 　何を学ばせるべきか。それはなぜか。
② 　どのように学ばせればよいのか。それはなぜか。
③ 　子どもたちはどんな力を身に付ければよいのか。授業前と比べて授業後は，どんな力がついたといえるか。

　①に対する答えは，「社会をどう捉えるのか」「なぜ，その教材を取り上げるのか」に対する答えである。②に対する答えは，「なぜ，そのような学習過程とするのか」「なぜ，その学習活動をさせるのか」に対する答えである。③に対する答えは，「何のために社会科授業をするのか」に対する答えである。これらの問いに対する答えは，容易には出ないだろう。もしかしたら，授業者の永遠のテーマかもしれない。ただ，そういったテーマについて考えつつ授業をつくることが，よりよい授業づくりにとって重要である。本章で紹介してきた4タイプの授業づくりは，上記テーマに対する異なった答えを示している。

　ここまで説明してきた授業づくりのキーワード「問題解決」「理解」「説明」「意思決定」を，方法原理という。方法原理とは，例えば上記①②③に対する答え，すなわち「社会科授業をつくる上での考え方」である。言い換えると，方法原理とは，「授業目標を立てる時や内容・方法を選択する時の基本的な考え方」といえる[2]。この4つの方法原理の内，どの考え方に基づくかによって，学習活動や中核発問，学習過程などが違ってくる。ここまで具体的事例を挙げつつ明らかにしてきた各方法原理に基づくタイプ別社会科授業の特色を表Ⅱ-1にまとめた。

Ⅱ 社会科授業4タイプの特色

表Ⅱ-1 タイプ（型）別社会科授業の特色

	「問題解決」型授業	「理解」型授業	「説明」型授業	「意思決定」型授業
学習活動	調査・見学 制作 話し合い	「人間の問題解決的行為の過程」の体験、追体験，感情移入，共感的理解	1 原因結果の関係や条件予測の関係を説明する 2 説明しようと科学的に探求する	問題への対策を複数考え，それらの中から望ましいと判断できるものを選択・決定する
中核発問	様々（例：乗り物ごっこをしたい→駅にはどんな乗り物があるか→なぜ乗り物が集まっているのか等）	どのような	なぜ どうなるか	どうすればよいのか どの対策（解決策）がより望ましいのか
基本的な学習過程	広義：問題設定の後，解決すなわち答えを明らかにして終了 狭義：切実な問題場面において，ある目的（欲求）を実現するための解決策を考える自主的自発的活動	ア 問題状況の把握 イ 感情移入による「目的（願い）の確認」 ウ 体験・追体験による「行為の予想と検証」 エ 行為の社会的意味の理解	ア 問題把握 イ 仮説の設定 ウ 仮説の論理的帰結の推論 エ 資料の収集・分析 オ 仮説の検証	ア 問題把握 イ 原因究明 ウ すべての対策の提出 エ 対策の論理的結果の予測 オ 対策の選択と根拠づけ
身につけさせること	1 事実認識 2 価値判断力 3 意思決定力	1 事実の正確な理解 2 目的論的理解 3 社会的意味の理解	1 事実認識 2 科学的探求の方法 3 理論 （原因・結果の関係，条件・予測の関係）	1 事実認識 2 科学的探求の方法 3 意思決定力（社会的判断力）
問題点	1 獲得される知識が問題解決の必要の範囲内に限定 2 「子どもなりの理解」にとどまりがち 3 時数がかかる 4 教師の力量が必要	1 常識的な社会認識となる危険性 2 特定の価値の注入，態度形成のため，事実を選択しがち 3 価値判断力・意思決定力の育成をめざしていない	1 「仮説の設定」「仮説の論理的帰結の推論」の実現が困難 2 深い教材研究 3 価値判断力・意思決定力の育成をめざしていない	1 「すべての対策の提出」「対策の論理的結果の予測」は困難 2 教材化できる社会問題が少ない 3 深い教材研究 4 明確な答えがない
問題点解決への対策	1 「子どもの論理」「教科の論理」両視点からの教材選択等 2 総合的な学習の時間との連携 3 民主的学級づくり	1 複数の視点から考えさせる 2 価値判断・意思決定の過程をプラス	1 仮説設定できる発問の開発 2 中学年からの経験 3 価値判断・意思決定の過程をプラス	1 社会問題の単純化 2 実際の対策の評価 3 日頃のニュースから"発見・保存"

5 社会科授業4タイプの異同と生かし方

　この表にみられる社会科授業4タイプを共通点と相違点から類型化すると、以下の図Ⅱ-7のようになる。横軸には、公民（市民）的資質を直接的に育成しようとするのか、間接的に育成しようとするのか、を両極に置いた。そうして、縦軸には、ミクロなレベルで社会を捉えるのか、マクロなレベルで社会を捉えるのか、を両極に置いた。すると、図Ⅱ-7のように4つに類型化することができ、ここまで説明してきた「問題解決」「理解」「説明」「意思決定」の4タイプの異同が明らかになる。

図Ⅱ-7　社会科授業4タイプの位置づけ

　既に、「Ⅰ　社会科授業4タイプとミクロ・マクロな社会の捉え方」で示したように、「問題解決」型授業と「理解」型授業は、「ミクロなレベルで社会を捉える」方法といえる。両者ともに、人間の行為に着目することによって社会を捉える授業である。一方、「説明」型授業と「意思決定」型授業は、「マクロなレベルで社会を捉える」方法といえる。両者ともに因果関係や社会システムに着目することによって社会を捉えさせようとするため、必ずしも固有名詞を持った人間の行為に着目するとは限らない。

　さて、以下の図Ⅱ-8を図Ⅱ-7とあわせてご覧いただきたい[3]。「問題解決」型授業と「意思決定」型授業は公民（市民）的資質を直接育成しようとする。両授業タイプともに、事実がわかり価値がわかること、すなわち社会認識にとどまらず、価値判断し意思決定することを子どもに求めるからである。これらのタイプの授業では、子どもは、時には具体的行動を起こすことにもなるだろう。言い換えるならば、市民として行動したり合理的判断ができたりするようになるために、社会認識が必要なのである。一方、「理解」型授業と「説明」

型授業は公民（市民）的資質の育成を直接的には育成しようとしない。両授業タイプともに社会認識なかでも事実認識を授業の目標とする。そうして，価値判断や意思決定は，授業外で，将来やがてできるようになることを期待する。

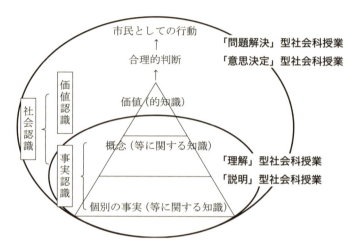

図Ⅱ-8　授業4タイプと公民としての資質・能力，社会認識との関係

それぞれの授業タイプの典型的な実践は，図Ⅱ-8の大きな円，小さな円で示した範囲を視野に入れたものになる。

（2）社会科授業4タイプの生かし方

本書では，ここで紹介した4タイプの内，いずれかのタイプを「正しい」ものとして推奨したり，いずれかのタイプを「間違っている」ものとして否定したりするものではない。表Ⅱ-1でまとめたように，それぞれの授業における社会のわかり方は異なっており，身に付けさせることも違いがある。ただし，いずれの授業タイプにも問題点もある。子どもたちにとって，複数の社会のわかり方を身に付けることが「生きる力」となり，将来「よりよい社会の創り手」となることを可能とするだろう。したがって，一つのタイプで一年間を通すより，複数の様々なタイプの授業を年間計画に位置づけたい。たとえば，「な

ぜ」発問を学習問題とする単元もあれば,「どのような」発問を学習問題とする単元があっても良いだろう。また,一単元での複数の授業タイプの組み合わせも考えられて良いだろう。筆者はかつて,第3学年単元「広島菜をつくる」の実践では,「なぜ」発問のもと,子どもに因果関係を**説明**させた後,広島市川内の農家に共感的**理解**をさせ,さらに**意思決定**を迫っている。また,第6学年単元「織田信長」では,説明型授業と意思決定型授業を組み合わせている[4]。

　基本的には「問題解決」型授業のように,子どもの切実な問題意識こそ重視したい。ただ,社会がわかるためには,「理解」型授業のように,誰かの立場に立って初めて見えてくるものがある。今の自分にはわからないけれども,「豊臣秀吉」になったつもりで,「豊臣秀吉の目」で当時の社会を見つめることで,「豊臣秀吉の活動」を理解することもできるだろう。また,「説明」型授業のように,個人の力ではいかんともしがたい「社会」に気付き,個人の力を超えた集団の力を実感することも必要だろう。さて,平成29年版学習指導要領社会では,目標において「社会に見られる課題」の把握及び解決に向けて考えることが求められている。いわゆる社会的論争問題に対して「選択・判断」する力の育成が求められているのである。選択とは意思決定であり,何かを決めることである。決定のためには,問題そのものや背景など状況を評価する必要があり,それを判断という[5]。すなわち,「選択・判断」とは,価値判断・意思決定と言い換えても良い。合理的な判断を行い,適切な行為を選択していくことのできる意思決定力を身に付けることは,これからの民主主義社会を担う主権者育成にとって,不可欠なことではないだろうか。

　本書では,ここで示した4タイプの授業とは別に「仮説吟味学習」という方法原理を考え,授業づくりを提起している。「仮説吟味学習」による授業づくりは,これら4タイプの授業を否定するものではなく,むしろ問題点を改善し,よりよい授業づくりに貢献するものと考えている。次章以降,それを具体的に述べていきたい。

Ⅱ 社会科授業4タイプの特色

●註●

1) 『小学校学習指導要領（平成29年告示）解説　社会編』（日本文教出版，2018年，2頁）では，「第1章総説　1改訂の経緯及び基本方針」の（1）において6点の改善を求めている。その中でも筆者は，授業づくりで特に重要なものとして①②③⑤に注目し，ここに3点挙げた。
2) 定義づけに当たり，以下の文献を参考にした。片上宗二『「社会研究科」による社会科授業の革新―社会科教育の現在，過去，未来―』風間書房，2011年，27頁。
3) この図の詳細な説明は，拙著『見方考え方を成長させる社会科授業の創造』（風間書房）を参照してください。
4) 拙著『見方考え方を成長させる社会科授業の創造』風間書房，2013年，75～86頁，53～74頁。
5) 服部雅史・小島治幸・北神慎司『基礎から学ぶ認知心理学―人間の認識の不思議』有斐閣，2015年，146頁。

Ⅲ 仮説吟味学習による授業づくり

1 仮説吟味学習とは何か

(1) 仮説吟味学習の定義

　筆者が提起する仮説吟味学習は,「変動する社会」の認識形成を図るための新しい学習論である。まずはじめに,その定義を紹介しよう[1]。

> ──〈定義〉
> 　子どもが教育内容に関わる自らの問題を設定するとともに,問題に対する根拠ある仮説を設定し,子ども自身が,その正当性・合理性を個人の側と社会の側の両面から吟味する過程を保障する学習論

　この学習論は,子どもが「実力をつける」ことに貢献できるだろう。これまで「学力とは,**学**校という限られた空間で教えられ,共有される**力**,であった」とはいえないだろうか。この「学力」は,社会に出ても役立つ実感のないもの,といえる。それに対して,これからは,子どもたちが**実**社会に出て役立つ**力**,すなわち「実力」を身につけることが求められている。実力をつけるには,授業での内容と方法ともに新たなものへ変わらなくてはならない。

　まずはじめに,新たな内容を提起したい。グローバル化をはじめとして社会変動はますます激しくなり,将来,今存在する職業の多くが消失し,新たな職業が次々生まれる,といわれる。社会は,いつまでも変わることのない静的なものではない。そこで,学校教育で認識させるべき社会とは,「変動する社会」としたい。今ある社会はこれまでどのように変わってきたのか,そして今後どのように変わろうとしているのか,「変動する社会」を授業者自身が捉えた上で授業化したい。現実社会のリアルな姿,それが「変動する社会」であり,子どもに直面させるべき社会である。

　次に,新たな方法を提起したい。これまでの社会科授業における方法といえ

ば，調査・見学や資料の読み取りがまず第一に挙げられ，公開授業でも，そんな活動がよく見られた。そういった方法は子どもの身に付けなければならないし，学習活動としても重要である。ただ，子どもにとっては，問題に対する仮説を立てなければ，どこへ行って何を調査・見学したら良いのかわからないし，どの資料を読み取ればよいのかわからないだろう。調査・見学や資料の読み取りよりも筆者が重視する「実社会に出て役立つ力」とは，それぞれの子どもが直面する問題に対して仮説を立て，吟味する力である。仮説を立て，吟味する過程では，既習内容を想起することも必要だろう。ただそれよりも指導が必要なのは，子どもたちに社会の視点からも考えさせることである。多くの子どもは，個人の視点からしか考えることができない。また，これまでの授業実践は，個人または社会のどちらかの視点からのみ考えさせている。そうではなくて，仮説の設定・吟味過程では，個人と社会の両方の視点から考えさせたい。そんな思考方法が身につけば，授業はもちろん実社会に出ても「変動する社会」を認識することができるのではないだろうか。

　仮説吟味学習とは，内容も方法も新しい授業づくりをめざす学習論である。

(2) 仮説吟味学習の特色

　この学習論の特色を，以下3点，説明しよう。

〈特色1〉個人を超えた社会システムそのものを認識対象とする。

　これまでの社会科授業は，「社会」がわかる授業となっていただろうか。子どもの学ぶ「地域社会」「産業社会」「国民社会」とは，何か。教材研究では，「社会」について，今一度考えたい。子どもにとって見えやすい社会とは，「個人の工夫や努力の積み重ねで成り立つ社会」であろう。ただし，「変動する社会」を認識するには，個人の力を超えた社会システムをも対象としなくてはならない。社会システムとは，仕組みであり，法制度等である。それらは子どもにとって見えにくい。だからこそ，それを教材化したい。

〈特色2〉よりよいシステムはどのようなものなのか主体的創造的に考えさせ，
　　　　自他の考えをともに批判的に吟味させる。

　授業では，子どもたちに学ばせる社会，システムを「あって当然のもの」

「正しいもの」「絶対的で不変であるもの」として教えてはいないだろうか。社会とは静的なものではなく，動的なものである。社会はよりよいものへと変わるものであり，また，変えなくてはならないものである。子どもが，「よりよい社会を考え」「社会の形成者」（社会科の目標）となるためには，授業において，よりよいシステムはどのようなもの主体的創造的に考えさせる必要がある。

また，子どもは，自分の意見にこだわる一方で，信頼できる他者の意見に容易に寄り添う傾向もある。子どもの「意見」に，絶対的なものはなく，いずれの意見も「仮説」である。授業では，曖昧性のある仮説が，やがて，よりよい仮説へとレベルアップすることが何よりも大切である。自分の仮説であろうと誰の仮説であろうと，「仮説」そのものを批判的に吟味させたい。よりよい仮説の条件は3点ある。①既有の知識（既習内容）と矛盾しない②根拠となる事実が存在する③論理的で説得力がある

〈特色3〉 **子ども自身が客観的事実から価値を選択し，より正しいものを判断できるよう授業化する。**

仮説吟味学習では，子どもたちが「よりよい社会システムを考えよう」という認識へと変わることをめざす。よりよい社会システムはどのようなもの判断する場合，自分や他者の価値を吟味することになる。ここでは，決して教師の価値を押しつけるのではなく，子ども自身が客観的事実に基づいて価値を判断し，より正しいものを選択する経験を積ませたい。

(3) 仮説吟味学習の学習過程

仮説吟味学習による社会科授業は，以下3つのパートに分かれる[2]。

〈学習過程〉
第1パート：個人の側（視点）から仮説を設定する過程
第2パート：子どもの設定した仮説を社会システムの側（視点）から吟味する過程
第3パート：仮説を修正・再設定する過程

第1パート：個人の側（視点）から仮説を設定する過程

まずはじめに，問題とその背景を理解させよう。この過程は，根拠のない思いつきも許容しながら，子どもが考えやすい個人の視点から仮説を設定する過程である。社会で働く人や消費者，また歴史上の人物など具体的な個人の立場から，自由により多くの仮説を設定させたい。仮説の根拠の曖昧さや既習内容との矛盾など，仮説の弱点を明らかにしつつ，この時点でより正しいと思われる仮説を選択させよう。

第2パート：子どもの設定した仮説を社会システムの側（視点）から吟味する過程

　子どもの設定した仮説を社会システムの視点から吟味するには，教師の働きかけが必要になる。もし，第1パートで，「個の視点の仮説」と「社会の視点の仮説」が提出されれば，両者を比較することも効果的だ。また，現行社会システムが成立するまでの過去の経緯を探求させる場合，発問を工夫したい。例えば，物流システムを挙げよう。これなしでは，現代社会は成り立たない。わが国の物流システムは，奈良時代の道路網の整備及び駅の制度が，その始まりだろう。筆者は，この社会システムを考えさせるため，「はじめてつくる日本の「理想の道」は，どこがいいでしょうか」と問いかけた。（第Ⅳ章で実践紹介）社会システムは子どもには見えにくいため，発問づくりや教材探しが重要である。

第3パート：仮説を修正・再設定する過程

　第1・2パートを経て，改めて問題に対する仮説を設定する過程である。ここでは，「社会システムのどこに問題が存在し，よりよい社会システムに改善するにはどうすればよかったのか」について考え，子どもが自らの仮説を修正・再設定する。この過程では，子どもは自らの思考の変革・成長を実感できる。例えば，奈良時代の学習では，学習問題「なぜ聖武天皇は大仏をつくることができたのでしょうか」に対して，単元最終場面では，発問「聖武天皇が，大仏づくりはできたけれども，農民を幸せにはできなかった最大の理由は何でしょうか」と問いかけて，ここまで学んできた奈良時代の社会システムの問題を明らかにさせ，よりよい社会システムを考えさせている。（第Ⅳ章で実践紹介）

2　平成29年版学習指導要領における仮説吟味学習の意義

　平成29年版学習指導要領社会の特色は，何と言っても小学校全学年の目標に「社会に見られる課題を把握して，その解決に向けて社会への関わり方を選択・判断する力」と「よりよい社会を考え学習したことを社会生活に生かそうとする態度」を養うことが掲げられていることであろう。それは，中学校社会科全分野の目標においても，表記は少々異なるが同様である。

　仮説吟味学習は，子どもがお互いの**仮説**を**吟味**する過程を最重視する**学習**である。学習は，最終的にお互いが納得できる答え，すなわち納得解を求める。

　さて，平成29年版学習指導要領社会が養うべき「社会に見られる課題…の解決に向けて社会への関わり方」も「よりよい社会」も，「正解」はない。大人でさえ，その「正解」はわからないだろう。あるのは，「納得解」であり，そこへ至る「仮説吟味過程」こそが重要である。ここでは，平成29年版学習指導要領で重視する「主体的な学び」「対話的な学び」「深い学び」の3観点より，仮説吟味学習の意義を明らかにしたい。

（1）「主体的な学び」の実現

　「主体的な学び」は，既に「学習動機の主体性」「学習活動の主体性」「認識の主体性」の3点から，明らかにした。（5頁参照）

　この学習論は，学習への動機付け，すなわち「学習動機の主体性」が何よりも重要である。仮説吟味学習は，第1パートでの子どもの問題設定・仮説設定から始まる。子どもが仮説を立てたくなるような，仮説を立てることができるような具体的で知的好奇心を喚起する問題設定ができて初めて学習は始まる。

　「学習活動の主体性」は，第2パートの仮説吟味過程において，調査活動や資料の読み取り，表現活動が活発に行われるため，十分保障されるといえる。

　「認識の主体性」がみられる「振り返りの場面」は，この学習論の第3パートが該当する。まず第1パートで子ども自身が仮説を設定し，第2パートの仮説吟味過程を経て，第3パートで自らの仮説を修正・再設定する。この学習過程は，子どもが自らの仮説の誤りや不十分さに気づき，修正することをめざし

ているのである。

（2）「対話的な学び」の実現

　この学習論では，第2パートで，「子どもと子どもの対話」によりお互いの仮説を批判的に吟味する。そうして，自らの仮説の誤りや不十分さを他者から指摘された子どもは，「教材との対話」によって仮説を修正する必要に迫られる。修正できない仮説は，排除されるしかないのである。

　「教師と子どもの対話」もまた，重要な手立てである。子どもの仮説は，個の視点から立てられる傾向がある。そこで第2パートでは，教師より社会システムの視点から吟味することができるように支援される必要があるからだ。

（3）「深い学び」の実現

　この学習論では，子どもが「概念等に関わる知識」を獲得することをめざす。第2パートにおいて，教師より社会的事象の背後に存在する社会システムや価値から，子どもの仮説を吟味するよう支援することが，子どもをより深い学びに導いていくことになる。教師の支援及び子ども相互の吟味によって，曖昧な仮説は修正・排除される。そうして，より多くの子どもたちが納得できる仮説が，最終的に残り，第3パートにおいて，個々の子どもは自らの仮説を修正・再設定するのである。第2パートにおいて最終的に残った仮説は，汎用的に使うことができる概念であったり，社会が共有できる価値であったりする。

　「深い学び」は，「深いアプローチ」によって実現する。第2パートでは，子どもは，他者からの批判を受けて，自らが立てた仮説を根拠付けることのできる新たな事実を探したり，それまでの仮説を排除して新たな仮説を立て直したりする。また，子どもは，自らの仮説を他者に理解してもらおうと論理的に説明したりする。こういったことは，自らの仮説を冷静に見つめ直す第3パートでも起こり得る。この「仮説を立てる」「他者へ説明する」という方法は，「深いアプローチ」であり，アクティブ・ラーニングの「深い学び」そのものであることが研究成果として明らかにされている[3]。

3 仮説吟味学習による授業づくりを実現する方法

(1) 教材の選択と構造化

　仮説吟味学習は,「変動する社会」の認識形成を意図している。したがって,まず授業者自身が,子どもに学んでほしい「変動する社会」を構造など図式化することによって,すっきりしたイメージとして整理したい。図式化は,本書3頁の「図3　社会的見方・考え方の成長過程図（知識の構造図）」のように学習内容を明示しても良いし[4],形にはとらわれず,自分の教材研究の結果をイメージとして表現してもよいだろう。例えば,「説明」型社会科授業や「意思決定」型社会科授業を実践する際,「変動する社会」を学習内容として,図Ⅱ-4（55頁）,図Ⅱ-5（57頁）,図Ⅱ-6（70頁）のように設定してみた。また,Ⅳ・Ⅴ・Ⅵ章で紹介する各実践における内容編成図も例として挙げることができる。

　さて,学習内容を図式化するには,無数に存在する社会的事象の中から教材を選択しなくてはならず,そのための基準が必要となる。以下,「主体的・対話的で深い学び」の視点より教材選択の基準を説明したい。

① 「主体的な学び」を実現するリアルで,知的好奇心を喚起する教材

　平成27年6月,公職選挙法が改正され,選挙権年齢が18歳以上へと引き下げられた。そこで今,学校現場では,授業において現実社会のリアルな社会的事象をも取り扱い,子どもが有権者として自ら選択・判断する力を育成することが,喫緊の課題である。若者の低い投票率を問題視するならば,子どもにとって「今学んでいることは,近い将来何の役に立つのか」といった見通しを持つことができる授業でなければならないだろう。仮説吟味学習は,子どもが問題を把握し,自ら仮説を設定することから始まる。したがって,社会的論争問題などリアルな事象を取り上げ,知的好奇心を喚起する問いを設定することができる教材選択が,まず求められる。

② 「対話的な学び」を実現する身近な教材

　「改善の基本方針及び具体的な改善事項」において,「話合いの指導が十分に

行われず(筆者省略)内容が深まらないといった課題が指摘される」5)とある。この記述は,「対話」は,目的ではなく,「深い学び」を実現するための手段である,という指摘であろう。子どもが既有知識を根拠にして,わかったつもりで仮説を説明しても,既有知識を異にする他者にとっては必ずしもわかってもらえないことは,よくあることだろう。よくわからないことを相手に対して質問したり批判したりすることによって,説明した本人が,実は自分は「よくわかってはいなかった」ことが明らかになったり,論理的に納得してもらえるには不十分であったりすることが自覚できる。そこで,さらに仮説をよりよいものへと修正していくことになるだろう。そのような過程が,より深い学びへと誘うのである。したがって,「対話的な学び」を実現するには,子どもの既有知識を引き出すような身近な教材,すなわち既習内容や日常生活での経験と関わるような教材であることが必要だろう。

③「深い学び」を支える社会諸科学の研究成果

　仮説吟味学習では,個の視点から設定された仮説を社会の視点から吟味することを通して,「より多くの他者が納得できる仮説」へと修正・再設定することを意図する。そのような仮説は,「汎用的に使うことのできる概念」(「改善の基本方針及び具体的な改善事項」)に支えられたものであり,理論といってよいものである。そんな質の高い仮説は,授業者が一人考え込んで思いつくものではない。

　「現実社会ではどのような問題が起きているのだろうか」「その問題発生の原因は何か」「どのような解決策が想定されるのか」などの問いに答えることのできる概念・理論は,経済学や地理学,歴史学など社会諸科学の専門書や論文を読み,授業者が抽出することで明らかになる。そうすることによって,具体的で,子どもの知的好奇心を喚起するような事例も見つかるだろう。つまり,「深い学び」を実現するには,社会諸科学の研究成果に学ぶ必要がある。ただし,初めから難しい書籍ではなく,新書版など読みやすいものから手にしたい。

(2)「深い学び」を実現する探求プロセス

　仮説吟味学習による授業づくりでは,「深い学び」を実現する探求プロセスをどのように組織すればよいのだろうか。筆者は,「学習問題の設定」「中核発問の設定」「討論の組織」この3点が重要だと考えている。「どのような学習問題を設定するかによって,探求プロセスは決まる」といっても過言ではないからだ。その際,学習問題と中核発問を分けて考えたい。学習問題と中核発問は同一であることもあれば,異なることもある。学習問題とは,子どもが学習過程全体を通して答えを求めて探求し続ける問題である。一方,中核発問は,教師が学習内容・目標から考えて最も重要視する発問である。この2つを考えることを通して,最大限子ども自身の探求を大切にしながらも,教師としては「学ばせたい内容」を意識することができる。以下,"「深い学び」を実現する探求"のためのポイント3つを説明しよう。

①「個別の事実へ降りる探求」を促す学習問題の設定

　仮説吟味学習でまず大切なのは,子どもが問いを持つことであり,授業は子ども自身が「考えたい,調べたい」という必要感に迫られる探求となることである。たとえ教師の方から発問という形で子どもに問いを持たせたとしても,子どもが必要感を持てば「学習問題」として成立する。

　これまでよく見られる探求は,「個別の事実等に関する知識」を獲得し,さらにより多くの「個別の事実等に関する知識」を獲得し,やがてそれらを関連付けて「概念等に関する知識」の獲得を図る過程であろう。それは,「図Ⅲ-1 個別の事実から積み上げる探求」のように図式化できるだろう。例えば,小学校3年生単元で,地域に昔から存在する商店街を教材化した場合,「商店街のお店にはどのような工夫があるのでしょうか」「お店の品物はどこから運ばれてくるのでしょうか」等の学習問題によって,授業者は子どもに数多

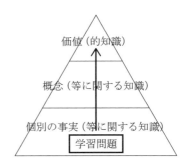

図Ⅲ-1　個別の事実から積み上げる探求

くの「個別の事実等に関する知識」を獲得させ，やがて「概念等に関する知識」を獲得させようとするのである。

ただし，「どのような」発問などによる学習問題で仮説吟味学習を実現するのはむずかしいだろう。なぜなら，個の視点から仮説を設定しようにも知識の有無に左右され，自由な発想で，より多くの仮説を設定することがむずかしいからである。

一方，仮説吟味学習を実現するために提案したい探求は，「個別の事実へ降りる探求」である。その探求パターンには2種類有り，第1のパターンは，概念の獲得を意図する問いを学習問題として，子どもの必要感から個別の事実（等に関する知識）の獲得過程へと探求させる，というものである。例えば，学習問題「なぜ○○商店街では，やめている店が多いのだろうか」によって因果関係（概念）を明らかにするために，問い「この商店街にはどんな店があるのだろうか」「この地域の人たちは，どこで買い物をするのだろうか」によって個別の事実（等に関わる知識）を探求させる，といった過程である。それはやがて，問い「この商店街の人たちはどうすればよいのでしょうか」によって価値の探求へと至ることとなる。この探求過程は，「図Ⅲ-2　個別の事実へ降りる探求1」

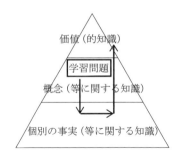

図Ⅲ-2　個別の事実へ降りる探求1

のように図式化できるだろう。

「なぜ」発問による学習問題は，既有知識の想起や因果関係の推論を促す。「そういえば～について学んだな」「多分～だからではないか」といった思考が，仮説設定には必要である。

「個別の事実へ降りる探求」第2のパターンは，子どもが価値判断・意思決定することを意図する問い6)を学習問題として，子ども自身が必要感から概念（等に関する知識）の獲得へ，さらには個別の事実（等に関する知識）の獲得へと探求する，というものである。例えば，学習問題「もし八百屋さんをする

としたら，どこに店を出すだろうか」に
よって価値判断・意思決定を迫り，子ど
もがその判断をする必要感に迫られて，
問い「なぜ○○商店街では，やめている
店が多いのだろうか」の探求によって因
果関係（概念）を明らかにし，さらに問
い「この商店街にはどんな店があるのだ
ろうか」によって個別の事実（等に関す

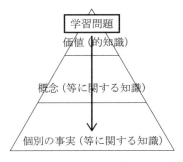

図Ⅲ-3　個別の事実へ降りる探求2

る知識）を探求する，といった過程である。そうして子どもは，商店立地についての意思決定をする⁷⁾。この探求過程は，「図Ⅲ-3　個別の事実へ降りる探求2」のように図式化できるだろう⁸⁾。

「もし〜ならば〜だろうか」発問[9]による学習問題は，子どもの様々なレベルの，自由な価値判断・意思決定を表出させ，目に見えて積極的な探求を促す。それは，この学習問題が，子ども相互の意見の相違を際立たせ，学習意欲を喚起するからであろう。

「深い学び」は，いずれの探求プロセスであろうとも，子どもが個別の事実（等に関する知識）の獲得にとどまるのではなく，概念（等に関する知識）や価値（的知識）をも獲得することによって実現する。ただし，図Ⅲ-1のような探求の場合，教師が指導し続けることによって初めて，知識を積み上げることができる，といえる。一方，図Ⅲ-2・図Ⅲ-3のような学習問題であれば子どもが必要感に迫られる能動的な探求を実現することができるだろう。

②分析的な問い＝中核発問の設定

今後求められる社会科授業とは，「変動する社会において，社会的事象間の関係はどのようになっているのか，そしてそこにはどのような問題が存在し，その原因はどこにあるのか，について子どもがわかる。そして，よりよい社会を形成するにはどうすればよいのか，子どもが考えることができる」そのような授業であろうと考えている。それは，「今の社会システムがわかり，将来の社会システムを考えることができる授業」ともいえる。このように社会

システムに着目し，よりよい社会システムを選択・判断できる資質・能力を育成する授業が仮説吟味学習であり，平成 29 年版学習指導要領が求める授業といえる。

　学習問題を探求する過程で，子どもたちには数多くの問いが生まれ，教師は数多くの発問をする。それらの中で，教師にとって最も重要な発問が中核発問である。中核発問は，教師がこの授業でどうしてもわかって欲しい内容に直結する問いである。その問いは，社会的事象相互の関係を相関的，因果的に把握させる問い，すなわち「分析的な問い」でありたい。例えば，「昔からの商業施設（商店）はどこにあるのか。それはなぜか」「現在，昔からの商店街が危機的状況なのは，なぜか」「なぜ現在の商業施設は，郊外に集まっているのか」といった「なぜ」という問いが分析的な問いである。分析的な問いは，変動する社会が抱える問題を説明できる理論を子どもが探求することを可能とする。理論とは，「概念等に関する知識」である。平成 29 年版学習指導要領では，子どもたちが「個別の事実等に関する知識」の獲得にとどまるのではなく，「社会の中で汎用的に使うことのできる概念等に関わる知識」を獲得することを求めている。分析的な問いを中核発問とする仮説吟味学習は，教材過剰という問題を解決するとともに，「改善の基本方針及び具体的な改善事項」を実現するものなのである。

　仮説吟味学習は，概念・理論を子どもが自ら獲得し，これからの社会システムを考えることを意図する。例えば，昔からの商店街が危機的状況にあるという問題は，商店主個人の工夫・努力では説明がつかない。この問題の背景にある社会システムの変化がわかって初めて理解できるのである。社会システムとは，社会的事象の背景に存在する因果関係や「社会の仕組み」であり，法や制度，傾向性である。これら現状の社会システムがわかれば，将来の望ましい社会システムを考えることもできる[10]。このような資質・能力は，将来子どもたちが社会へ出ても汎用的に使うことのできる資質・能力といえる。その育成のためには，学習問題がどのようなものであっても，分析的な問いを中核発問として重視したい。

③討論の組織

平成29年版学習指導要領において,「対話」は「教師と子どもの対話」「子どもと子どもの対話」「教材と子どもの対話」の3種類が想定されることを既に示した。(6頁) ただし, 仮説吟味学習による授業づくりにおいて最も重要な「対話」は,「子どもと子どもの対話」である。それは言い換えれば「討論」である。

平成20年版学習指導要領でも, 平成29年版学習指導要領でも育成が重視されている思考力は, 問いと答えの間に育成される。以下の表Ⅲ-1に示したように, 大学や高等学校では, 教師が問い教師が答える「講義学習」の教育実践がほとんどであろう。そして, 中学校現場になると教師が問い子どもが答える「問答学習」が多くなり, 小学校現場では, それに加えて子どもが問い教師が答える「質疑応答学習」も多くなる。さて, 仮説吟味学習で理想とするのは, 子どもが問い子どもが答える, いわゆる「討論」である。

表Ⅲ-1 「問いと答え」の関係からみる仮説吟味学習

答える＼問う	教師	子ども
教師	講義学習	質疑応答学習
子ども	問答学習	仮説吟味学習

討論が重要であると考える理由は, 3点ある。

1点目の理由は, 仮説の設定・吟味には,「発想を豊かにする」ことが不可欠だからである。「発想を豊かにする」とは,「いろいろな考えがうまく結合し, 新しい考えを生み出すということ」である[11]。そのためには, 異質な考えに触れることが大切だ。それを可能にする手段が, 討論である。討論を通してひらめいたり, 直感を働かせたりすることを期待するのである。

2点目の理由は, 討論によって,「主体的な学び」を実現することができるからである。仮説吟味学習の第2パートでは, 子どもが個の視点から設定した仮説をお互いが質問し合ったり批判し合ったりして, 社会システムの視点から吟味する。教師が支援することによって仮説の修正を図ることはあるが, 理想

は子ども相互の批判による修正・排除である。その過程があればこそ，子どもは自ら「個別の事実へ降りる探求」を始める。

3点目の理由は，討論によって，実践的態度・技能を育成することができるからである。「この仮説は本当か」「なぜそのような仮説となるのか」「どのようにしてその事象は生起したのか」等，自らの仮説を討論の過程で再度問い直し，他者の仮説をも問い直す積極的な探求姿勢こそが科学的態度を育成する。他者から批判された子どもは，非常に意欲的に自らの仮説の根拠を確かめたり，他の事例から推論して自説を補強したりする。子ども，中でも小学生は自説にこだわり，自説を補強する資料は積極的に収集するが，他説の検討には消極的な傾向がある。そんな子どもたちに，自らに反対する意見にも冷静に耳を傾け，自らが間違っていればそれを素直に認め，より正しいと思われる仮説があれば，それを受け入れるという態度を身につけさせたい。また，同じ意見の仲間と協力して情報収集・立論し合意形成しようとする態度も必要だ。そのような「実践的態度・技能」こそ，「改訂の基本方針」でめざされる「よりよい社会と幸福な人生の創り手となる力」[12]であろう。討論は，教材として取り上げる社会的論争問題の解決や何らかの正解を求めるわけではない。討論は，「納得解」を求めるものであり，「生きる力」の育成に欠かせない学習活動である。

●註●

1) 拙著『変動する社会の認識形成をめざす小学校社会科授業開発研究―仮説吟味学習による社会科教育内容の改革―』風間書房，2009 年，2 頁。
2) 同上，32〜34 頁。
3) 松下佳代・京都大学高等教育研究開発推進センター編著『ディープ・アクティブラーニング』勁草書房，2016 年，46 頁。溝上慎一『アクティブラーニングと教授学習パラダイムの転換』東信堂，2016 年，148 頁。
4) 図3は，最もシンプルに図式化した基本形である。実際の授業づくりでは，様々なバリエーションが可能であり，拙著『見方考え方を成長させる社会科授業の創造』（風間書房）を参照してほしい。
5) 文部科学省『小学校学習指導要領（平成 29 年告示）解説　社会編』日本文教出版，2018 年，8 頁。

6) 「子どもが価値判断・意思決定することを意図する問い」は，石井英真・西岡加名恵両氏が推奨するパフォーマンス課題ということができるだろう。(石井英真『中教審「答申」を読み解く』日本標準，2017年，84頁。西岡加名恵『「逆向き設計」で確かな学力を保障する』明治図書，2008年，124頁。)なお，「個別の事実へ降りる探求」というネーミングは，市川伸一『学力低下論争』にみられる「基礎に降りていく学び」も参考にした。
7) 前掲書1)の73～114頁には，これらの問いを主要発問として開発した単元の詳細を紹介している。
8) ここで示した3種類の探求は，拙著『見方考え方を成長させる社会科授業の創造』(風間書房，2013年，37～40頁)において，授業実践の事実を説明するために「判断のための探求」「「なぜ」からの探求」「知ることからの探求」として説明した。ここではそれらを，仮説吟味学習による授業づくりを実現する観点から，理論的に新しく説明・評価し直している。
9) 筆者はこの発問をIf-then発問と命名し，拙著『社会科の発問If-thenでどう変わるか』(明治図書)にて，その有効性を提起した。
10) これは，表現を変えれば，「社会に見られる課題を把握して，その解決に向けて構想する力」(前掲書5)，7頁)といえる。
11) 猪口孝『社会科学入門』中央公論社，1996年，98頁。ここでは，「発想を豊かにする」手段として，読書や旅行なども紹介している。
12) 前掲書5)，3頁。

Ⅳ 仮説吟味学習の授業モデル
―6年生単元「平城京と奈良の大仏」の開発―

1 単元開発の目的

　仮説吟味学習による授業とは，子どもたち自身が仮説を立て，それをお互いが吟味することを通して，社会システムがわかり，よりよい社会システムを考える授業である。社会システムとは，制度や政策などである。ここでは，仮説吟味学習の授業モデルを小学校6年生単元「平城京と奈良の大仏」を事例に示したい。なお，授業モデルとは，授業づくりの基本的な考え方や教師による発問・指示，使用資料，子どもの反応を単元レベルで明示した授業展開案である。
　現在，実践されている6年生の歴史学習には，2つの問題が存在する。以下，奈良時代を扱う場合を事例に説明したい。
　まず第一の問題は，子どもの社会認識が個人の行為レベルにとどまっていることだ。例えば，多くの授業[1]では，「聖武天皇は，なぜ大仏をつくったのでしょうか」という学習問題が設定される。そして子どもたちは，"病気の流行や災害，反乱という時代背景のもと，「仏教の力によって人々の不安を取り除きたい」という天皇の願いを実現するために大仏がつくられた"という解釈を，聖武天皇個人に寄り添うことによって理解する。このように，聖武天皇が何を願い，何をしたのか，天皇個人の行為レベルで認識させる授業では，子どもは主観的に目的手段の関係から社会を認識するだろうが，当時の社会システムを客観的に認識することはむずかしいだろう。それまでは存在しなかった「天皇を中心とした政治」が，システムとして奈良時代に「確立されたこと」[2]を客観的に認識することこそがめざされなければならないのではないだろうか。
　第二の問題は，子どもに獲得させる知識が明示されていないことである。小学校の公開授業を参観しても授業実践例をみても，学習活動はわかりやすいが，学習内容が知識として明示されていない。その傾向は，中学校の公開授業でも

Ⅳ　仮説吟味学習の授業モデル

同様にみられる。例えば，実践例をみると，奈良の大仏を実物大でグラウンドに描く活動や調査・発表の活動はあるのだが，そういった活動を通して，「何を」考えさせようとしているのか，活動の結果「何が」わかったのか，曖昧と言わざるを得ない。平成29年版学習指導要領[3]によると，「大仏造営の様子」すなわち「聖武天皇の発案」や「行基らの協力」などは手掛かりであって，「天皇を中心とした政治が確立されたことを理解できるようにする」ことが具体的な知識目標として明示される必要があるだろう。したがって，本来，知識目標として明示されるべき学習内容は，奈良時代の社会システムであろう。子どもたちが，お互いの仮説を吟味した結果，「奈良時代の社会システムはこのようなものであって，自分はこう評価する」というような，子どもなりの解釈と評価を生む授業をつくりたい。

　以下，本単元の学習内容と仮説吟味学習による開発単元「平城京と奈良の大仏」を具体的に示す。

2　単元「平城京と奈良の大仏」の学習内容

　21世紀の今，社会変動は急激であり，「変動する社会」をこそ学習内容としたい。ただし，奈良時代すなわち8世紀の日本は，今に劣らず，大きな社会変動が起きた時代である。7世紀までの日本は，それぞれの地域で社会が形成されていた。大和朝廷は，奈良盆地を中心とした限られた地域での豪族連合体に過ぎなかったのである。ところが，朝廷は，663年に白村江で唐・新羅連合軍と戦い（白村江の戦い），敗れる。そこで，朝廷は，唐から攻撃されるかもしれないという緊張感の中で，中央集権国家へと変わる必要に迫られていたのである。また，天智天皇の死後，天武天皇は，天智天皇の子・大友皇子と戦い（壬申の乱），勝利した後，戦いでそれぞれの豪族が内部分裂していたため，新しい秩序を必要とした[4]。

　そんな背景のもと，8世紀にはわが国初の中央集権国家が律令国家として成立した。中央政権から地方に向けて，政策が施行され，制度が行き渡る。このようなわが国初の国家成立の過程を「体制化する社会」と名付けたい。そして，

2 単元「平城京と奈良の大仏」の学習内容

本単元では,「体制化する社会」は,なぜ,どのようにして形成されたのか,その構造はどのようになっており,そこにはどのような問題が存在するのか,といった内容を扱いたい。

8世紀日本のシンボルは,「平城京」「奈良の大仏」であろう。図Ⅳ-1は,それら一大国家事業を成し得ることができた要因を「国家体制」の完成に求め,図式化したものである。まず第一の要因には,中央に太政官,地方には国司,郡司,里長という「官僚制(大宝律令)をほぼ全国に渡って実施することができたこと」[5]が挙げられる。官僚制によって,中央からの命令,なかでも租税収入の確実な確保が実現できたのである。第二の要因は,「租税以外の収入が確保できたこと」が挙げられる。租税収入の強化には限界がある。それなのに,律令国家は,平城京をつくったり,東大寺をつくったり,大仏や国分寺などいわゆる公共事業を次々と実施した。さらに,南は鹿児島県へ,北は岩手県へ,軍隊の派遣を繰り返したため軍事費もふくれあがって,歳出は増える一方

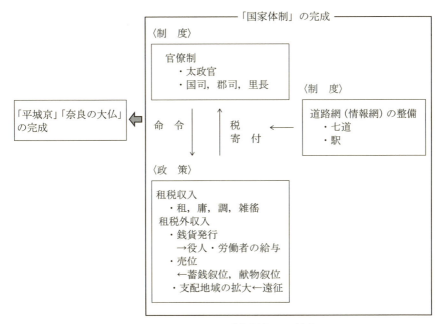

図Ⅳ-1 奈良時代の「体制化する社会」

Ⅳ　仮説吟味学習の授業モデル

だった。そこで，律令国家は，銭貨（お金）を発行することによって，役人や労働者の給料，さらには資材の購入資金を賄うことにしたのである[6]。それまでは，物品貨幣として絹・布や米が使用されていた[7]。ただ，これらは量的に限度があるし，壊れたり腐ったりする。それに比べて，銭貨（銅でできたお金）は，持ち運びに便利なため，税（調・庸）を運ぶ人間に持たせれば，それだけたくさん運ばせることができた[8]。運搬する人間は，自分の食料も持参しなければならなかったからだ。しかも銭貨は，国家の思うままに発行できるのである。また，地方の豪族には，大造営工事などに対して寄付をさせ，官位を与えた。いわゆる，蓄銭叙位，献物叙位といわれる政策である。こうして律令国家は，民間のモノ・人・カネの一部を国家財政に取り込むことに成功し，多くの大工事や遠征を実施することができたのである[9]。

　このように官僚制のもと，政策としての命令を全国に発し，税及び寄付という形で財政を賄ったのである。こういったシステムを支えたのが全国にわたる道路網の整備である。道路は，中央からの命令を地方に伝えるばかりではなく，地方から反乱や対外戦争の情報を伝えるためにも使われた。もちろん税の輸送路や遠征軍の進路ともなった。つまり，この時代，道路及び交通施設（駅）が整備されたからこそ，全国にわたってモノ・人・情報の流動が一気に著しくなったのである。道路は，極めて軍事的・政治的な道路[10]であり，中央集権国家体制を現実的に支える重要な役割を果たした[11]。

　以上，奈良時代に整えられた社会システム，すなわち，官僚制，租税収入や租税外収入を確保する政策，道路網・駅制の整備，これら「体制化する社会」を実現するシステムをこそ，学習内容としたい。

3　単元「平城京と奈良の大仏」の開発

（1）単元目標
〈知識・技能〉

―――目標を設定する時のポイント―――
・知識目標には，前項で示した学習内容を記載したい。ただし，「個別の

事実等に関する知識」などすべてを書くことは，スペースからむずかしいだろう。そこで，せめて，「概念等に関わる知識」[12]だけでもそれらしく，「～だから～である」（本書3ページ，図3参照）の形で示したい。
・技能目標は，自らの仮説を補強したり，他者の仮説を批判したりするために必要となるであろう技能を書きたい。

○　奈良時代に平城京や大仏をつくることができた理由を探求することを通して，中央集権国家体制成立の原因と結果，および国民生活に与える影響を，知識として獲得する。
A　大和朝廷は，官僚制（大宝律令）を，ほぼ全国に渡って実施することができたから，全国から税を徴収することができた。
B　大和朝廷は，「租税収入」「租税外収入」を可能にする政策を実施したから，民間のモノ・人・カネの一部を国家財政に取り込むことができた。
C　都と地方を結ぶ道路や交通施設（駅）を整備することができたから，中央と地方との間のモノ・人・情報の流動が一挙に著しくなった。
D　平城京・大仏造営など国家事業費や軍事費が増大したから，農民の負担を大きくした。
○　目的に応じて必要な情報を収集し，選択・活用することができる。

〈思考・判断・表現〉

──────目標を設定する時のポイント──────
・思考力とは，「仮説を設定する」「社会の視点から吟味する」「比較する」「意味や関連を考える」ことであり，これらキーワードを入れたい。
・判断力とは，「自らの意見を持つ」「解決策を構想する」ことである。
・表現力とは，「説明する」「議論する」「表現する」ことである。

○　平城京・大仏造営など国家事業を遂行することができた理由について，仮説を設定し，社会の視点から吟味する。
○　複数の意見を比較したり事象の社会的意味を考えたりした上で，自らの意

IV　仮説吟味学習の授業モデル

見を説明できる。

〈主体的に学習に取り組む態度〉

───目標を設定する時のポイント───
・望ましい態度とは，子どもたちが学習において「関心を持ち」「意欲的に」「すんで」「主体的に」「～しようとする」ことである。

○　大事業を遂行することができる国家体制の形成に関心を持ち，問題解決のためすすんで調べようとする。

（2）学習指導過程

※下線部は学習問題・中核発問　　全7時間

過程	教師による主な発問・指示	教師と子どもの活動	期待される子どもの反応
〈第1次〉個人の側からの仮説設定	1 飛鳥時代には，誰が中心となって，どんな政治を行っていましたか。	T：発問する C：既習内容を確認し答える	・飛鳥時代には，聖徳太子が中心となって，争いのない天皇中心の政治を行おうとした。それは，豪族同士の争いが激しく，朝鮮半島でも戦いが続いたからである。
	2 奈良時代について，どんなことを知っていますか。	T：発問する C：答える	・奈良時代には，「奈良の大仏」や東大寺など，様々な建築物が建てられた。
	3 「大仏」は，どれくらいの大きさか知っていますか。	T：発問する C：答える	・大仏の座高は，15.8mもある。 ・大仏の両目は，黒板両端の大きさとなる。
	4 なぜ，聖武天皇は大仏をつくったのでしょうか。	T：発問する C：予想する	・古墳づくり同様，力の大きさを示すため。 ・飛鳥時代同様，争いが絶えなかったので。
	5 VTR資料をみて，大仏建立の理由を調べましょう。	T：発問する C：資料1を視聴して答える	・当時，天然痘の流行，凶作や貴族同士の争いが起きたため，人々の不安が大きくなっていた。
	6 なぜ，聖武天皇は大仏をつくったのでしょうか。	T：発問する C：答える	・人々の不安を静め，国をまとめたいという想いで，聖武天皇は大仏建立を決めた。
	7 なぜ聖武天皇は大仏をつくることができたのでしょうか。		
	・大仏づくりに必要なものは，何ですか。	T：発問する C：VTR資料1の視聴内容を想起し資料集を調べて答える	・大仏づくりの材料には，銅，金，水銀，すず，土や粘土など大量に必要である。 ・大仏づくりの過程では，木枠に使う竹や木，道具としての炉など，材料以外にも大量の物資・設備が必要である。
	・大仏づくりに必要な人は，どんな人でしょうか。	T：発問する C：資料2を調べて答える	・大仏づくり全体を指揮する人や技術者以外に，たくさんの働く人が必要である。 ・目を入れたり式をする高僧が必要。 ・寄付を集める人が必要である。
	8 みなさんは，どんな予想を立てますか。	T：発問する C：予想を発表し，互いの予想について意見交換する	・（仮説1）大仏づくりに必要な材料は，聖武天皇が税として，全国から集めた。それができるよう，役人を配置した。 ・（仮説1′）必要な材料は，天皇が仏教を信仰し，人々の信仰心と信頼を得ていたため，自然と集まった。

3　単元「平城京と奈良の大仏」の開発

			・(仮説2) 天皇は，命令すればすぐ全国から材料が集まる強い力を持っていた。 ・(仮説3) 古墳づくり同様，人々を強引に連れてきて働かせた。 ・(仮説3′) 働く人には，給料を与えた。
〈第2次〉社会の側からの仮説吟味①	1 大仏づくりに使われた材料には，何がありましたか。 2 全国から集めた税には，何があったのでしょうか。	T：発問する C：答える T：発問する C：社会科学習事典や資料集で確認し，答える	・大仏づくりには，銅，金，水銀，すず，木，竹などが使われた。 ・租は，収穫した稲の3％を納めること。 ・庸は，年間10日労働か布を納めること。 ・調は，地方の特産物か布を納めること。 ・雑徭は，年間60日土木工事で働くこと。 ・兵役は，都や九州の守りにつくこと。
	3 朝廷(聖武天皇)は，どうやって，全国から税や材料を集めたのでしょうか。	T：発問する C：仮説1と仮説1′を確認し，事典で根拠の事実を探す	・郡司が地域ごとに税を集め，さらに国司が国ごとに税をまとめて，朝廷に運ぶ。これは大宝律令に決められている。
	4 農民から直接税を取り立てるのは，誰ですか。 5 里長は農民からどのようにして，税を取り立てたのでしょうか。 6 税を払うことのできない農民は，どうしたでしょうか。 7 農民から税が集められる仕組みを，図で表してみましょう。	T：発問する C：答える T：発問する C：資料3を読んで答える T：発問する C：答える T：指示する C：ノートに書く	・里長が，農民から直接税を取り立てる。 ・里長は鞭を片手に，農民が苦しい生活をしていても，脅して税を取り立てた。 ・税を払うことのできない農民は，土地を捨てて，逃げ出した。 ・天皇のもとに，全国の農民から里長へ，郡司へ，国司へと集められていった。 図Ⅳ-2　税が集められる仕組み (ピラミッド図：天皇／国司・貴族／郡司／里長／農民)
	8 国司はどこにいるのでしょうか。 9 広島県の国府はどこにあったのでしょうか。 10 国府や国分寺があった証拠となる地名を調べましょう。	T：発問する C：答える T：発問する C：答える T：発問する C：答える	・それぞれの国の国司の役所は，国府という。 ・広島県安芸郡府中町や府中市という地名は，国府があった名残である。 ・山口県防府市，東京都府中市，東京都国分寺市という地名は，遺跡を示している。
	1 税や材料を集める命令は，誰が発し，どうやって全国へ伝えたのでしょうか。 2 誰が最後に命令を聞き，どうやって税や材料を都まで運んだのでしょうか。	T：発問する C：仮説2を確認し資料4で調べる T：発問する C：予想し，資料5で調べる	・天皇が手紙を役人に渡し，馬を使って全国へ伝えた。この時代に，馬を備える「駅の制度」が整えられた。 ・農民が税を背負ったり，荷車を押したりして都まで運んだ。 ・特産物を示す木簡を荷札として使った。

IV 仮説吟味学習の授業モデル

	発問・指示	T・Cの活動	予想される反応
〈第3次〉社会の側からの仮説吟味②	3 朝廷（聖武天皇）がはじめてつくる日本の「理想の道」は、どこがよいでしょうか。	T：発問する C：日本の白地図に書き込む	・平城京の朱雀大路は、全国からの調・庸を運ぶ荷車や役人の往来が激しかった。 （子どもたちは、教科書や資料集、事典などを調べて理由を明らかにした上で、日本の白地図に「理想の道」を書き込む。）
	4 みなさんは、奈良時代の朝廷が日本で初めてつくった道路を、どこだと予想していますか。 ・賛成意見と反対意見を出しましょう。 ・反対意見に対する反論、自分の意見についての付け加えを考えましょう。	T：発問する C：白地図上の道路整備地域を示し、根拠資料6・7・8のもと発表し話し合う	・全国各地の物資を都へ運ぶには、地方と都を結ぶ道路を放射状につくらなければならない。 ・鹿児島県から宮城県まで国分寺があるのは、朝廷の支配を示している。 （各自、自説の補強及び反論の根拠を探し、どのように説明するか考える。）
	5 道路は何のためにつくられたのでしょうか。	T：発問する C：自らの仮説の根拠を確認して話し合う	・道路は、モノ（全国の物資）・人（遠征軍や運脚夫）・情報（中央からの命令や地方からの状況報告）が往来するためにつくられている。
	6 朝廷にとって、最も大切な道路はどれでしょうか。	T：発問する C：それぞれの理由づけの中から最も朝廷にとって重要と思われる意見を選択する	・平城京・太宰府間の道路は、朝鮮半島や中国大陸からの外交使節が往来したり、九州での反乱の状況報告、外国（新羅、唐）の状況報告のために使われる。 ・全国へ税の徴収など命令を伝えるには、都から各地域の中心地へ道路網が整備されなければならない。
	7 自分の考える「道路整備地域」はどこですか。理由付きで考えましょう。	T：指示する C：より正しい仮説を判断する	（本授業を通して明らかになった「道路整備地域の条件」を理由として書くことを通して、自らの考えの深化を実感する。）
〈第4次〉社会の側からの仮説吟味③	1 なぜ聖武天皇は、大仏や平城京をつくることができたのでしょうか。	T：発問する C：答える	・税や材料、働く人や技術者を全国から都へ集めることができたから。
	2 なぜ全国から、税や材料、人を集めることができたのでしょうか。	T：発問する C：答える	・朝廷は、鹿児島県から岩手県まで、軍隊を派遣して征服した。 ・朝廷は、全国の豪族から寄付を集めた。
	3 朝廷は、征服した地域から働く人を強引に連れてきたのでしょうか。	T：発問する C：仮説3と仮説3'を比較・吟味する	・農民を強引に連れてきて働かせようとしても逃げ出してしまう。 ・給料を払えば働く人の逃亡を防ぐことができる。
	4 朝廷は、働く人や役人の給料として何を与えたのでしょうか。	T：発問する C：資料9で調べ答える	・朝廷は、税として全国から集めた稲や特産物の布を給料として、働く人や役人に与えた。
	5 708年、なぜ朝廷は給料をお金に換えたのでしょうか。 ・給料が稲や布だと困ることは、何ですか。	T：発問する C：答える	・稲は不作の場合、必要量が不足したり無くなったりする。 ・稲や布は重くて、持ち運びに不便である。 ・稲や布は、味が落ちたり虫が食ったりして破損や腐敗の危険性がある。
	・給料をお金に換えると都合がよいことは、何ですか。	T：発問する C：答える	・稲の豊作や不作には関係ない。 ・お金は、軽くて持ち運びに便利である。 ・お金は、破損や腐敗の危険性がない。 ・お金は、他のものに交換可能である。

3 単元「平城京と奈良の大仏」の開発

	6 朝廷が、お金を無制限に作り続けることはよいことだろうか。	T：発問する C：判断する	・お金は、朝廷が無制限につくることができ、働く人や役人への給料に困らない。 ・お金は、朝廷が自由に価値を決められる。 ・お金をつくりすぎると、たくさんのお金で少しのものしか買えなくなる。つまり、物価が上がるから、よくない。
〈第5次〉仮説の修正・再設定	1 飛鳥時代の天皇と豪族、農民の関係は、どのようになっていたのでしょうか。	T：発問する C：ワークシートに書き込む	・天皇は大きな豪族に過ぎず、豪族がそれぞれの土地と人を支配していた。
	2 聖徳太子ができたことは、何でしょうか。	T：発問する C：答える	・聖徳太子は、法隆寺を建立し、冠位十二階をつくるなどした。
	3 聖徳太子ができなかったことは、何でしょうか。	T：発問する C：答える	・天皇中心の政治を行い、「大仏」をつくることはできなかった。
	4 聖徳太子が法隆寺を建てることはできたけれども、大仏をつくることはできなかった最大の理由は、何でしょうか。	T：発問する C：各自「最大の理由」と判断したことを答える	・（例）各豪族が土地と人を支配していて、天皇のしたい政治ができなかったから。 ・（例）道がまだ造られておらず、大陸からの技術も伝わっていなかったから。
	5 奈良時代の天皇と貴族、豪族、農民の関係はどのようになっていたのでしょうか。また、都から地方へ送られたものは何ですか。逆に地方から都へ送られたものは何ですか。	T：発問する C：ワークシートに書き込む	・天皇の下に国司、郡司、里長、その下に農民がいて、税が徴収された。貴族から国司が、地方の豪族から郡司・里長が任じられた。道を使って、情報・特産物・労働力・税が都へ運ばれた。また、道を使って、都から命令・お金・軍隊が地方へ送られた。
	6 聖武天皇ができたことは、何でしょうか。	T：発問する C：答える	・聖武天皇は、大仏づくりができた。
	7 聖武天皇ができなかったことは、何でしょうか。	T：発問する C：答える	・聖武天皇は、農民を幸せにすることはできなかった。
	8 <u>聖武天皇が、大仏づくりはできたけれども、農民を幸せにはできなかった最大の理由は何でしょうか。</u>	T：発問する C：話し合い、判断をワークシートに書き込む	・（例）税の取り立てが厳しく、税や大仏の材料を都まで運ばせたことだ。農民を幸せにするには、税を軽くし、農民に負担をかけないようにすればよかった。

【資料】
1 VTR「奈良の大仏」：NHK制作による児童用ビデオ番組。
2 「大仏づくりの様子」：『社会科資料集6年』日本標準，2018年，22～24頁。
3 「地方の人々のくらし（山上憶良）」：『新編 新しい社会6上』東京書籍，2014年検定済，32頁。
4 「駅の制度」：『小学 社会科学習事典』文英堂，2015年，354頁。
5 「奈良の都 人々がいきかう朱雀大路」：前掲書2，26～27頁。
6 「国分寺の分布」：前掲書3，33頁。
7 「全国から集められた人や物資」：前掲書3，35頁。
8 「東北地方の平定」：前掲書4，362頁。
9 「平城京に集められる税」：前掲書2，26頁。
※本単元は、筆者が広島大学附属小学校において実験授業を重ねた後、2003年に実施・開発した成案である。実践では当時の教科書等を使っているが、ここでは本書執筆時の発行ページ数で示した。

(3)「単元づくりの基本的考え方」と授業の実際
〈第1次〉大仏造営事業の時代背景―個人の側（視点）からの仮説設定―

> 単元はじめは，問題を把握させ，子どもにとって考えやすい「個人の視点」から仮説を立てさせる。ただし，歴史学習では，子ども個々の既有知識の差が大きいため，まずはじめに，時代背景や大仏づくりに対する聖武天皇の動機を調査させ，共通認識を持たせた。

聖武天皇個人の視点から仮説を立てさせるための手立ては2つである。一つめの手立ては，「大仏の大きさ」を実感させたことである。座高を具体的に示したり，大仏の目を黒板に実物大で示したり，さらに螺ほつ（大仏の巻いた髪の毛）一つの実物大模型を示したりした。二つめの手立ては，「聖武天皇の大仏づくりへの動機」を問い，NHK制作児童用番組「奈良の大仏」を視聴させたことである。子どもは，当時，病気が流行し，凶作や貴族同士の争いが大きくなったため人々の不安が大きく，聖武天皇が，人々の不安を静め，国をまとめようとしたことを具体的に捉えた。

〈単元全体の学習問題〉
なぜ，聖武天皇は大仏をつくることができたのでしょうか。

この単元全体の学習問題について仮説を立てさせるに当たり，まず大仏づくりに「必要なもの」「必要な人」を考えさせた。そうして予想を出させ，話し合いの後，子どもたちが仮説として残したものが，以下の5つである。

仮説1：大仏づくりに必要な材料は，聖武天皇が税として，全国から集めた。それができるよう，役人を配置した。

仮説1'：必要な材料は，天皇が仏教を信仰し，人々の信仰心と信頼を得ていたため，自然と集まった。

仮説2：天皇は，命令すればすぐ全国から材料が集まる強い力を持っていた。

仮説3：古墳づくり同様，人々を強引に連れてきて働かせた。

仮説3′：働く人には，給料を与えた。

　仮説1は，「大仏づくりに必要な材料を全国から集めるため，役人を派遣したのだろう」という意見である。それに対して，仮説1′は，「必要な材料を集めるためにわざわざ役人を派遣しなくても，人々の信仰心と天皇への信頼から自然と集まる」という反対の意見である。

　仮説2は，「天皇の命令を全国へ確実に伝え，実行できる仕組みがあった」という意見である。

　仮説3は，「大仏づくりに従事する労働力は，天皇が強制的に集めた」という意見である。一方，仮説3′は，それに反対し，「労働は強制ではなく，給料制である」という意見である。

　以上の5つの仮説を吟味することを通して当時の社会システムの整備に気づくのが，第2・3・4次である。そして，最後の第5次では，仮説吟味過程で明らかになったことをもとに，飛鳥時代と比較して，学習問題についての仮説を修正・再設定させる。

〈第2次〉官僚制による律令国家体制の完成―社会の側からの仮説吟味①―

> 　社会システムの側から子どもの仮説1・仮説1′を吟味して，よりよい仮説を導き出す第1時である。大仏は，聖武天皇個人および農民たちの「善意」から完成したというよりは，全国から材料を集めることのできる官僚制というシステムがあったからこそ完成したのだ，ということに気づかせたい。

　まず，前時の子どもが設定した仮説1と仮説1′について話し合う。すると，子どもは，「人々の信仰心と天皇への信頼だけでは，材料も不足し完成しない。必要なものは税として集めたのではないか」と一致した。

　まず，「税，材料とは何か」考え，調べて確かめる。そして，問うた。

〈第2次の学習問題〉
これらの税や材料をどうやって全国から集めたのでしょうか。早く，確実

> に集めるにはどうしたらよいだろうか。

　すると，子どもから「近くの家々から集めさせて，まとめて朝廷へ持っていかせる」という意見が出た。そこで，「誰がまとめたのか。そこには決まりはないのか」と問う。そうして，税は里長，郡司，国司がまとめ，それは大宝律令に決められていることを，資料集や社会科学習事典で確かめさせた。さらには，「図Ⅳ-2 税が集められる仕組み」としてまとめた。そして，国司がいる役所は国府であり，地元広島県および全国各地には国府が地名として残っていることを地図帳で確認した。広島県の安芸郡府中町や府中市，山口県防府市，東京都府中市，東京都国分寺市など，興味深い地名は各地に存在する。

〈第3次〉道路網の整備による情報流・物流システムの完成
　　　　　　　―社会の側からの仮説吟味②―

> 　子どもは，「仮説2：天皇は，命令すればすぐ全国から材料が集まる強い力を持っていた」のように漠然とした仮説を設定する傾向がある。教師は具体的な発問をして，具体的な社会的意味が明らかになる仮説へと導きたい。そこで，第3次では，わが国初の道路網整備に着目し，それが「命令や情報を伝える情報流システム」「税や材料を輸送する物流システム」「軍隊を派遣する国防システム」としての社会的意味があったことに気づかせようとした。

　「税や材料を集める命令は，誰が発し，どうやって全国へ伝えたのか」「税や材料は，誰がどうやって都まで運んだのか」と問うと，聖武天皇の命令は，道路整備・駅の設置によって全国へ伝えられたことが，話し合いや調査活動から確認できた。ここでは，社会科学習事典が効果的であった。そこで，問うた。

──〈第3次の学習問題〉─────────────
朝廷（聖武天皇）が初めてつくる日本の「理想の道」は，どこがよいでしょうか。

3 単元「平城京と奈良の大仏」の開発

　21世紀の現在，全国各地に道路網は整備されている。そして，今も道路・鉄道にその名が残る東海道・山陽道などの幹線は，奈良時代に初めて整備された。第3次では，今もルートが重なる東海道など七道の整備を念頭に置いて授業を構想した。

　子どもたちは，それぞれ日本の白地図に「日本で初めてつくられる道」を線で書き込んだ。以下に示す図Ⅳ-3 は A 児が授業開始時に考えた道（ルート）である。白地図の日本海の位置には，理由が書かれている。A 児が以下のルートを考えた理由は，「全国を通らないと便利じゃないから」である。同様の意見は，「どこの国からも税が集まるように」と続く。これらの意見は，「道は，平城京と全国を結ぶべきである」という主張 C で，「海岸沿いにも山地の両側にも国がある」ことを根拠 D として，「全国の特産物を全て平城京へ集めるのだ」という基本的な考えが理由づけ W となっている。つまり，道は税を運ぶ物流ルートなのだ。こういった仮説を図Ⅳ-4 の上に「物流ルート説1」として示した[13]。

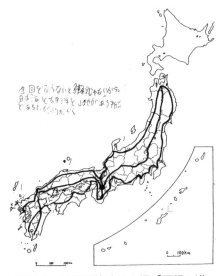

図Ⅳ-3　授業開始時のA児「理想の道」

　授業前半にはもう一つの仮説「物流ルート説2」（図Ⅳ-4下）が主張された。B 児は，「宮城県から金を取り寄せたり，岡山県から鉄を取り寄せるため。日数がかかるところを短縮したい」と違うルートを示した。同様の意見は，「富山県には，高価な紙と塩があるから」「群馬県の秩父から銅が採れるから」と，続く。これらは，「道は，平城京と特産物の生産地を結ぶべきだ」という主張 C で，「税・特産物が○○でとれる」ことを根拠 D としている。そこには，「税・特産物は早く平城京へ運びたい」という理由づけ W がある。両仮説とも

Ⅳ 仮説吟味学習の授業モデル

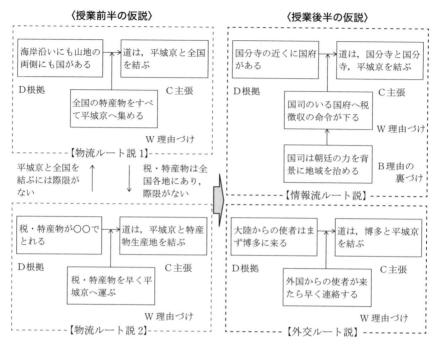

図Ⅳ-4 第3次での「道」の解釈

に，資料集や教科書に根拠が求められ，理由づけも説得力がある。そして，道を中央集権国家体制を支える物流インフラと捉えている。ただし，両仮説ともに抽象的だった。物流ルート説1に対しては，「平城京と全国の町や村を結ぶにはきりがない」と批判され，物流ルート説2に対しては，同様に「特産物はどこでも採れて，どこからでも運ばなければならないから考えようがない（際限がない）」と批判された。

そこで授業後半，教師より，「東北地方を例に考えてみよう」と対象地域を絞らせた。すると，以下の具体的な発言が続いた。「金の採れる宮城県と銀の採れる茨城県を結べばよい。地図帳をみると奥羽山脈の中を通るのはむずかしいから，海岸沿いに結べばいい」「教科書をみると，海岸沿いに国分寺がある」「社会科学習事典をみると，『国分寺は，それぞれの国の国司の役所（国府）の近くに建てられ』ていたことがわかる」「国分寺の近くに道を作れば天

皇の力を全国に行き渡らせることができる。つまり，天皇の命令を道を使って伝えたと考えられる」そこで教師より，「道は，A君が示すように津軽半島まででいい？」と，問いかけた。すると…「社会科学習事典をみると，8世紀に朝廷の力が及んでいたのは，仙台，酒田までだとわかる」「そのページに，軍隊を送って征伐したことが書いてある」と，子どもは反応した。

ここで子どもたちは，道は，天皇・朝廷からの命令を伝えたり，地方からの反乱情報を伝えたりする情報流ルートとしての役割を担っていることに気づいた。（図IV-4右上，参照）さらに，道は軍事用ルートの役割を担っていることにも気づいた。

──〈第3次の中核発問〉──
朝廷にとって，最も大切な道路はどれでしょうか。

この発問に対する子どもの反応は，以下の通り。「博多には，中国や朝鮮半島からの使者が来るから，博多と都を結ぶ道路を作れば，すぐ連絡がつく」「防人を九州へ早く着かせて外国から日本を守るためにも，九州への道をまず第一に作った方がいい」「できるだけ早く軍隊や情報の行き来をするには，平地や山をできるだけ削って，まっすぐな道を作った方がいい」

これらの発言をみると，子どもたちにとって「道」は，外交上の情報のやりとりをしたり，外交使節や国防軍を派遣したりするための「外交ルート」としての役割を担っていることに気づいている。（図IV-4右下，参照）

表IV-1は，「道」の解釈を，第3次開始時と終了時で比べたものである。

表IV-1　第3次での「道」の解釈の変容　※児童数39人（複数回答可）

時点＼解釈	物流ルート	情報流ルート	外交ルート	軍事ルート
授業開始時	51%（20人）	3%（1人）	5%（2人）	3%（1人）
授業終了時	97%（38人）	69%（27人）	62%（24人）	26%（10人）

第3次では，「理想の道（ルート）」についてお互いの仮説を吟味しているが，授業開始時には，「道」を税・特産物を運ぶ「物流ルート」として解釈してい

た子どもが半数，存在した。残り半数の子どもは，曖昧な理由づけのもと，感覚的にルートを考えていた。ところが授業終了時には，ほぼ全ての子どもが「道」を「物流ルート」として解釈している。そして，6割以上の子どもが「情報流ルート」「外交ルート」として解釈し，約4分の1の子どもが「軍事ルート」として解釈している。

授業開始時，A児は，物流ルート説1であったが，仮説を吟味する過程を経て，右図のように変更した。授業終了時に考えたルート設定の理由は，「朝鮮や中国から使者が来るため…速く着くから」「蝦夷を平定するため」である。A児は，「道」を，「外交ルート」「軍事ルート」と解釈し直した。多くの子どもが，授業後，「国分寺があるところを結べ

図IV-5　授業終了時のA児「理想の道」

ば，だいたい国府が近くにあって，各地域の税が短時間に確実に集められる」ルートとして「道」を解釈している。そういった中で，A児は，自分なりの解釈にこだわっている。いずれの解釈にせよ，子どもたちは，律令国家体制を機能させる社会システムとしての「道」に気づいているといえるだろう。

〈第4次〉銭貨発行収入による一大国家事業の完成
　　　　－社会の側からの仮説吟味③－

> 子どもが第1次で設定した労働者についての仮説3「強制労働」説と仮説3′「給料制」説を吟味する過程である。貨幣制度は奈良時代に始まる。「それまで稲や布が役人や労働者の給料だったのに，なぜ貨幣に変わったのか」探求すると，貨幣制度は朝廷にとって労働力や物資を集める上で都合のよいシステムであったことが明らかになる。

3 単元「平城京と奈良の大仏」の開発

―― 〈第4次の学習問題〉――
なぜ朝廷は（働く人や役人の）給料をお金に換えたのでしょうか。

「これまで通り，働く人や役人の給料が稲や布だったら困ることは何か」問うた。すると，子どもから必要量の不足や破損・腐敗の危険性が指摘された。そこで，「給料をお金に換えると都合がよいこと」を問うた。すると，稲の豊作・不作に関係ないこと，労働者の持ち運びに便利であること，朝廷にとって無制限に作れることが指摘された。ただし，お金をたくさん作りすぎるとお金の価値が下がり，物価が上がることを子どもが指摘し，これには筆者は驚いた。

本時の最後には，「大仏づくりで働いた人の給料が"米"から"和同開珎"に変わったことは，誰にとって都合が良かったのでしょうか」と問うことで，朝廷でも農民でもない第三者の視点から，この時代のシステムを評価させた。

表Ⅳ-2　貨幣制度は，誰にとって都合がよかったのか　※児童数40人

	天皇（朝廷）	農　民	天皇と農民
評価の割合	58%（23人）	20%（8人）	23%（9人）

表Ⅳ-2をみると，過半数の子どもが，「貨幣制度は天皇にとって都合が良かったのだ」と考えていることがわかる。「お金は，米の豊作・不作に関係なく，自由に無制限に作れるため，全国の富を朝廷は吸収できる」という解釈によって立つからである。以下に，C児の意見を例示しよう。

―― C児「貨幣制度は天皇にとって都合がよかったのだ」――
　私は，聖武天皇の方が得をすると思います。それは，全国から集めた税のうち，わざわざ農民たちへ米をやると，それだけ自分の米が減り，しまいには，米の全部が農民たちのものになってしまうと思ったからです。そうすると聖武天皇は損をし，農民は冷害などの不作でも食べていくことができ，得をします。けれど，和同開珎をほうびにすると，天皇が税制の「調」の特産物の銅で貨へいをつくるだけでよくなり，天皇は，ただ命令をすればよいようになるので稲をほうびにするときと反対で，損をしません。けれど，農民は，稲だったら「租」としても使えたし，自分たちが生きて

IV 仮説吟味学習の授業モデル

いく上で大切なものだったからよかったけど、和同開珎になったら、まだ、「お金とはどのくらいの価値なのか」とか、「お金を使えない」とか、まだ、全国でお金とは何か認めていなくて、使えなかったと思います。

（いわゆる、今、外国のお金をほうびとしてもらってもスーパーなど普通の店では使えない、ということだと思う）だから、和同開珎になると、聖武天皇は得をすると思いました。

一方、2割の子どもは、「貨幣制度は農民にとって都合が良かった」と考えた。給料が出るとはいえ、強制的に働かされる農民にとって、故郷への帰路で、荷物の負担が少なくなると考えたのである。ただし、貨幣乱造に対する注文も忘れてはいない。以下に、D児の意見を例示しよう。

─── D児「貨幣制度は農民にとって都合がよかったのだ」───
　私は、米（稲）だと、ダメになったり重かったりして不便なところが多いけれど、お金だと不作でも確実に払ってもらえるし、軽い点などから便利だと思った。だけど、自由に無制限につくってしまうと、お金の価値が下がっていき、物価が上がってしまう。この状態では、だんだん不景気になっていったと思う。だから、お金を決まった数しか作らなくしたのでは？

また、「貨幣制度は天皇と農民どちらにも都合がよい」と考える子どもは、2割を超える。E児の意見を例示しよう。

─── E児「貨幣制度は天皇と農民どちらにも都合がよい」───
　私は、聖武天皇と農民の両方だと思います。理由は、天皇は集めた米が減らないし、お金は自分で作れて無限だから得。農民はかさばらないし、持ち運びも楽だし、何にでもかえられるから、やっぱり得。まぁみんな得

3　単元「平城京と奈良の大仏」の開発

をするのは少ないから，他の誰かが損をしているのかもしれないけれど，とりあえず上のような理由で，私は両方とも得だと思います。

〈第5次〉奈良時代の社会システムの利点と弱点―仮説の修正・再設定―

単元全体の学習問題「なぜ聖武天皇は大仏をつくることができたのだろうか」に対する仮説を修正・再設定させる。基本的には，学習問題そのままの形で問えばよい。ただしここでは，大仏づくりができなかった飛鳥時代との比較を通して，大仏づくりができた奈良時代に対する子どもの解釈を明らかにさせ，評価させた。

単元最終時は，当時の社会を図式化したワークシートを配布し，これをもとに話し合いながら，各自書き込みつつ進めた。

右下にF児のワークシート「聖徳太子」を例示しよう。まず，飛鳥時代の天皇と豪族，農民の関係を確認する。これは既習の飛鳥時代を構造図として表現したものである。そして，「聖徳太子ができたことは何か」「聖徳太子ができなかったことは何か」問い，各自の答え「聖徳太子が，法隆寺を建てることはできたけれども，大仏づくりはできなかった最大の理由は何か」（例）考えさせた。これは，子どもが，飛鳥時代の解釈を確認し，評価する過程である。子どもたちの考えた「聖徳太子が，大仏づくりはできなかった理由」は，次のページの表Ⅳ-3に示した。（複数回答可）それによると，7割以上

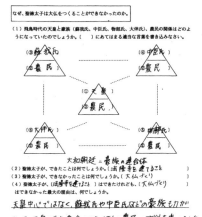

図Ⅳ-6　ワークシート「聖徳太子」

Ⅳ　仮説吟味学習の授業モデル

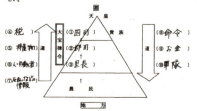

図Ⅳ-7　ワークシート「聖武天皇」

の子どもが飛鳥時代に大仏づくりができなかった理由として，官僚制の不備を挙げ，6割の子どもがシステムとしての「道」の不備を挙げている。

左にF児のワークシート「聖武天皇」を例示しよう。これは，飛鳥時代と比較することを通して，奈良時代の解釈を自ら確認・評価させることを意図して作った。まず，子どもに構造図を完成させることによって，奈良時代の天皇と貴族，地方の豪族，農民の関係を確認させる。そうして，「聖武天皇ができたことは何か」「聖武天皇ができなかったことは何か」を問い，各自の答え「聖武天皇が大仏をつくることはできたけれども，農民が安心して暮らせる政治はできなかった最大の理由は，何でしょうか」（例）について考えさせた。これは，子どもが奈良時代の解釈を確認し評価する過程である。

聖武天皇が大仏をつくることができた理由には，全員が「税や大仏づくりの材料を全国から都へ集めるシステムができたこと」を挙げている。すべての子どもが，飛鳥時代とは異なり，全国の労働力・物資を集めて大事業を遂行するシステムができたこと，すなわち中央集権体制の確立こそが奈良時代を特色づけるものだと解釈している。ただし，F児の記述にみられるように，奈良時代に対して批判的な評価がほとんどであった。「聖武天皇ができなかったこと」を挙げさせたところ，ほぼすべての子どもが「農民の幸せ」や「農民の不安を

表Ⅳ-3　聖徳太子はなぜ大仏をつくることができなかったのか　※児童数40人

	官僚制の不備	「道」の不備	技術の不足	物資の不足
解釈の割合	74%（29人）	61%（24人）	52%（21人）	9%（3人）

除くこと」を挙げていた。

4 授業づくりのポイント

　仮説吟味学習の単元を開発する上でのポイントを「第Ⅲ章　3 仮説吟味学習による授業づくりを実現する方法」に従って，本単元を事例に確認しよう。
(1) 教材の選択と構造化
①「主体的な学び」を実現するリアルで，知的好奇心を喚起する教材
　まず，授業者自身が教材そのものに知的好奇心を持つことがなければ授業化はできない。本単元の教材研究では，今の東海道・山陽道など幹線道が奈良時代の七道に由来することやわが国初の貨幣の誕生，駅伝制など興味深い事象・出来事が多かった。知的好奇心が喚起されたからこそ，当時の「変動する社会」を構造図として図Ⅳ-1 のように図式化することができたのである。
②「対話的な学び」を実現する身近な教材
　本開発単元では，複数の仮説を立てることができたことが，「対話的な学び」を実現させた。仮説設定の可否こそが重要だろう。
③「深い学び」を支える社会諸科学の研究成果
　本実践を通して，子どもは，次のような奈良時代の解釈を持ったといえる。

> 大仏づくりなど一大国家事業の遂行は，道・駅伝制という社会資本を整備し貨幣経済を誕生させた。それは，過大な納税者負担によって可能となった。

　これは言い換えれば，「公共事業は社会資本を整備し好景気を現出するが，納税者の負担を大きくする」となり，現代社会にも通用するのではないだろうか。こういった「概念」は，121 頁の註に示す様々な書籍から学んで，得た。
(2)「深い学び」を実現する探求プロセス
①「個別の事実へ降りる探求」を促す学習問題の設定
　単元全体の構成は，「図Ⅲ-2　個別の事実へ降りる探求 1」（92 頁）をイメージしている。単元全体の学習問題は「概念」を求める問い「なぜ聖武天皇は大

Ⅳ　仮説吟味学習の授業モデル

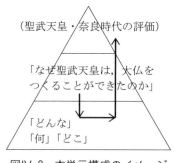

図Ⅳ-8　本単元構成のイメージ

仏をつくることができたのでしょうか」である。この学習問題の答えを明らかにするために,「どんな」「何」「どこ」発問で「個別の事実」を明らかにし,最終的には奈良時代に対する評価すなわち価値判断を迫るという構成を考えた。単元全体の構成をイメージして,各時間の構成を考えてはいかがだろうか。

②分析的な問い＝中核発問の設定

　本単元では,単元全体の学習問題以外に,第4次で分析的な問い「なぜ朝廷は給料をお金に換えたのでしょうか」を設定した。ただし本実践では,「なぜ」を使わないで「なぜ」を問う発問を複数工夫してつくった。例えば,第3次の発問「朝廷が初めてつくる日本の「理想の道」は,どこがよいか」は,「なぜ朝廷は,道をそこに作ったのか」という発問を変換している。また,第5次の最終発問「聖武天皇が…農民を幸せにはできなかった最大の理由は何でしょうか」は,「なぜ聖武天皇は,農民を幸せにはできなかったのか」という発問を変換している。「なぜ」発問に子どもが答えるのは容易ではないため,同じことを聞くのだけれども,子どもの答えやすい他の発問に変換する工夫をしたい。

③討論の組織

　本実践で最も興味深い討論は,第3次である。子どもそれぞれが考える「道」は,複数のルートが可能であり,複数の理由づけがあり得るからである。それぞれの仮説の違いが具体的かつ目に見える形で提示され,子どもは自説を補強しようと根拠資料を探す。そんな場面で,実践的態度・技能は身につく。

●註●

1) 安野功編著『社会科全時間の授業プラン　6年①』日本標準，2012年，32〜37頁。臼井忠雄編著『必備！社会科の定番授業　小学校6年』学事出版，2011年，26〜29頁。廣嶋憲一郎編著『小学校　新学習指導要領の授業　社会科実践事例集（6年）』小学館，2009年，22〜25頁。安野功編著『小学校社会科　活動と学びを板書でつなぐ　全単元・全時間の授業のすべて　小学校6年』東洋館出版社，2006年，30〜49頁。
2) 文部科学省『小学校学習指導要領（平成29年告示）解説　社会編』日本文教出版，2018年，112頁。
3) 同上。
4) 鬼頭清明『大和朝廷と東アジア』吉川弘文館，1994年，236頁。
5) 「天子の命をうけた一握りの中央から派遣された貴族官僚が州なり国なりの多数の民衆を把握し支配することが律令制の本質」とされる。(大津透「唐日律令地方財政管見－館駅・駅伝制を手がかりに－」笹山晴生先生還暦記念会編『日本律令制論集　上巻』吉川弘文館，1993年，429頁)
6) 吉村武彦・舘野和己・林部均『平城京誕生』角川学芸出版，2010年，189頁。
7) 今村啓爾『日本古代貨幣の創出　無文銀銭・富本銭・和銅銭』講談社，2015年，190頁。歴史学研究会編『越境する貨幣』青木書店，1999年，113頁。
8) 三上隆三『貨幣の誕生　皇朝銭の博物誌』朝日新聞社，1998年，121頁。
9) 銭貨発行をはじめとした「租税外収入」政策については，以下の文献に詳述されている。栄原永遠男「貢納と財政」『岩波講座日本通史第4巻　古代3』岩波書店，1994年，149〜186頁。栄原永遠男『日本の歴史④天平の時代』集英社，1991年。
10) 網野善彦『日本社会の歴史（上）』岩波書店，1997年，119頁。
11) 坂上康俊『平城京の時代　シリーズ日本古代史④』岩波書店，2017年，84頁。武部健一『道路の日本史』中央公論新社，2016年，34頁。近江俊秀『古代道路の謎』祥伝社，2013年，86頁。
12) 前掲書2)，8頁。
13) ここで示した図は，トゥールミン図式を参考にして作成している。興味のある読者は，以下の文献を参考にして下さい。足立幸男『議論の論理』木鐸社，1988年。井上尚美『言語論理教育入門』明治図書，1989年。

V 仮説吟味学習による授業改善

1 「理解」型6年生単元「豊臣秀吉」の授業改善

(1) 単元「豊臣秀吉」で学ばせたい社会変動

　「理解」型授業の抱える問題の一つは，子どもの共感的理解を図ることによって，例えば，「秀吉の行為は，武士の支配する社会の仕組みづくりに大きな役割を果たした」という肯定的評価に基づく「特定の解釈」を子どもに獲得させる傾向にある。そこで，ここでは，仮説吟味学習により，子ども自身が自ら主体的に解釈を形成する授業構成を提案したい。単元「豊臣秀吉」を事例に，理解型授業を仮説吟味学習の単元構成に取り込んだ授業を報告する。

　秀吉によって引き起こされた社会変動は，兵農分離と経済の活性化だ。検地と刀狩りによって武士と百姓は分けられ，都市への人口流入と農村の荒廃を招いた。石見銀山の経営と大阪城築城，さらには朝鮮出兵は，経済的視点から大きな意義がある。秀吉の行為のこれまでとは異なる解釈を知ることが，子どもの自由で主体的な解釈形成を促すだろう。以下，二つの秀吉像を提示しよう。

① 「軍人・秀吉」の目的と手段

　歴史学において，秀吉は東アジアの覇者として帝国を築こうとした「軍人」として解釈されているようである。例えば，池上裕子[1]によると，「秀吉のねらいは明の征服にあり，その前段として朝鮮の出仕・服属を急いだ」とされる。秀吉の行為をこのように解釈するならば，「秀吉が生涯において一番したかったことは，朝鮮出兵である」といえるのではないか。つまり為政者としての秀吉は，「軍人」であり，「軍事的抑圧的行為によって自らの権力の最大化を図る」人物といえるだろう。こういった解釈のもと，秀吉の行為5つを目的手段の関係として図式化すると図V-1のようになるだろう。

　秀吉の行った石見銀山の経営と検地，刀狩り，大阪城築城は，最終的な目的「朝鮮出兵」を実現するための手段と解釈したのが図V-1である。

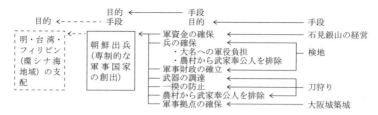

図Ⅴ-1　仮説「秀吉が一番したかったことは朝鮮出兵だ」の関係図

　村井章介[2]によると，秀吉は，朝鮮出兵に際し，石見銀で大量の銀貨を造り，戦費をまかなったという。つまり，石見銀山の経営によって軍資金の確保が可能となり，朝鮮半島での戦争が遂行できたのである。

　また，秀吉は，検地によって兵を確保することができた。秀吉は，検地によって各大名の石高を全国規模で決定し，石高に応じた軍役をかけたのである。さらに，秀吉は，農村に住む人々に対して，百姓になるのか，武家奉公人になるのか選択を迫った。そこで，後者は農村から排除（追い出）され，やがて大陸へと海を渡ることとなった。なお，検地は軍事財政の確立に寄与している。

　刀狩りでは，良質な刀は武器として再利用されたという。もちろん刀狩りは，一揆の防止を可能にした。また，刀狩りでも農村から武家奉公人を排除した。

　大阪は，東日本と西日本の中央に位置するとともに，瀬戸内海航路の起点・終点にも位置しており，金銀や武器を集めるなど最適な軍事拠点となった。

　以上，石見銀山の経営，検地，刀狩り，大阪城築城は，朝鮮出兵を可能とする手段といえる。

②「平和主義者（経済人）・秀吉」の目的と手段

　一方，秀吉を「平和主義者」と位置づける代表的な歴史学者が藤木久志である。藤木久志[3]は，秀吉が惣無事令や海賊停止令など，いわゆる「豊臣平和令」によって戦国社会に平和をもたらし，農民が農耕に専念できる社会の形成をめざしたとする。

　藤木久志の解釈では，朝鮮出兵について，「秀吉は，（筆者省略）国内の戦場を国外（朝鮮）に持ち出すことで，ようやく日本の平和と統一権力を保つことができた」と捉える[4]。米谷均によると，朝鮮出兵は，同時に，対明外交の第

一歩であった。当時，明は日本との通商を認めず，その影響で日本では銭貨が激減し，土地や手形の取引に支障を来していた[5]，という。朝鮮出兵において秀吉は，明との間の勘合貿易復活を要求しているのだが，小学校社会科では，筆者の見る限り，誰もそれを授業で扱ってはいない。勘合貿易復活を求めての朝鮮出兵という解釈が成り立つのではないだろうか。

為政者としての秀吉は，朝廷の権威そして自らの武力を背景に戦国時代を終わらせ平和を現出する「平和主義者」と捉えることもできるだろう。そして，秀吉は，戦いにおいても全国を統一した後も「経済人」として考え，行動を起こした。例えば，秀吉は，鳥取城を攻撃するときは予め米を買い占めて勝利を収めたし，全国の米価を視野に置いた米の輸送・販売によって莫大な遺産を残した。全国を統一した後の秀吉の領地は少ないが，全国各地の生産性の高い土地を直轄地とし，鉱山経営にも関わった[6]。経済的視点から戦争に勝ちぬき，経済力を権力基盤とする秀吉にとって，勘合貿易復活は必要不可欠だったのではないだろうか。つまり，「経済人・秀吉は，経済的法的行為によって国内の平和と豊かさを実現しようとした」と捉えることもできる。この解釈のもと，秀吉の行為5つを目的手段の関係として図式化すると図V-2のようになる。

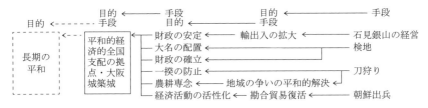

図V-2　仮説「秀吉が一番したかったことは大阪城築城だ」の関係図

図V-2は，秀吉のめざす最終的な目的を「平和的で経済的な全国支配」であり，その拠点が大阪城であったという解釈に立っている。大阪は，経済的先進地であるとともに瀬戸内海舟運の起点・終点である。西日本の物流を掌握し，貿易を独占する上で重要な大阪築城は，北陸や南海地方への分岐点でもある。

このように，大阪城を拠点とする平和的経済的全国支配を目的とすると，石見銀山の経営と検地，刀狩り，朝鮮出兵は，それを達成するための手段と考え

V 仮説吟味学習による授業改善

ることができる。以下,図V-2を説明しよう。

　石見産の銀は,中国産の生糸・絹織物,陶磁器,朝鮮産の木綿などを輸入する際の支払い手段ともなり,豊臣政権の財政を潤した。

　検地は,大名の国替えを可能にし,秀吉は彼らを「鉢植え大名」として全国に配置した。その際,生産性の高い土地は直轄領として各大名領から切り取っている。なお,太閤検地により,それまでより50%近い増高を実現している。検地は,各地への大名配置や豊臣政権の財政確立の上で,有効な手段となった。

　刀狩りは一揆を防止する目的を持っており,為政者にとって都合がよい政策であることは第一条をみればよくわかる。ただ,第三条にこそ秀吉の意図があるのではないだろうか。第三条には,「百姓は武具を捨てて農具だけを手にし,もっぱら農耕に精を出していけば,子や孫の代までも長く幸せに暮らせる。(筆者省略)」とある。当時は大名同士の戦争ばかりではなく,村同士の争いにおいても武力がしばしば行使されたという。刀狩りは,地域間の争いの平和的解決を図り,百姓が農耕に専念できる体制をつくるための政策であったという解釈もできる。

　これらと同様,経済的観点から朝鮮出兵を捉えると,それは勘合貿易復活を目的としたものであり,経済活動の活性化をめざしたものであると解釈できる。

(2) 仮説吟味学習単元「豊臣秀吉」の開発

① 単元目標
〈知識・技能〉
・「秀吉は軍人であり,軍事的抑圧的行為によって,目的を達成しようとする」ことがわかる。
・「秀吉は平和主義者であり,経済的法的行為によって,目的を達成しようとする」ことがわかる。
・資料から読み取った情報をもとに,他者の考えと比較しつつ,自らの考えに活用する。
〈思考・判断・表現〉
・秀吉の政策を関係づけ,秀吉が一番したかったことを解釈し,秀吉の人物評価をして,表現する。
〈主体的に学習に取り組む態度〉
・秀吉の政策に関心を持ち,すすんで調べ,政策についての解釈や人物への評価を持とうとする。

② 学習指導過程　　　　※下線部は,学習問題・中核発問　全5時間(T:教師　C:子ども)

過程	教師による主な発問・指示	教師と子どもの活動	期待される子どもの反応
	1 <u>あなたは,豊臣秀吉をどのような人だと思っていますか。それは,なぜですか。</u>(学習問題)	T:発問する C:ワークシートに書く	(行為の目的は,「自分のため」「みんなのため」どちらか。具体的手段は,「軍事的抑圧的行為」「経済的法的行為」どちらか。4類型を念頭にイメージを書く)
	2 秀吉は,どのようなことをしまし	T:発問する	(教科書記述より秀吉の行為を読み取る)

1 「理解」型6年生単元「豊臣秀吉」の授業改善

	発問・指示等	T/C活動	予想される反応・内容
共感的理解による個の視点からの仮説設定（第1・2時）	たか。秀吉がしたことを確認しましょう。	C：答える	・検地，大阪城築城，石見銀山の経営，刀狩り，朝鮮出兵。
	・秀吉はどんな少年時代を過ごしたでしょうか。	T：発問する C：教科書・資料1で調べる	・下剋上も珍しくない戦国時代。百姓は農村から戦場へ行かされたり，農村で百姓同士が刀を持って争ったりする時代。
	・戦国時代の秀吉は，誰に仕えて，どんな活躍をしましたか。	T：発問する C：答える	・秀吉は信長に仕え有力な武将になった。 ・信長の死後，秀吉は明智光秀に勝った。
	・1582年明智光秀に勝利した秀吉は，翌年大阪城を築き始めます。その時秀吉は，どんなこと（目的・願い）を考えていたでしょうか。	T：発問する C：予想する	（築き始めた大阪城に立つ秀吉になったつもりで，願いを想像する。） ・大きな城を築き権力を見せつけ，ここを拠点に全国を統一し平和を実現したい。
	・秀吉はいつ，どんな地位で，何を心配しながら，死にましたか。	T：発問する C：答える	・秀吉は1598年61歳の時，太閤として，5歳の秀頼のことを心配しながら死んだ。
	3 秀吉がしたこと5つの内容を調べて秀吉の立場から，目的を考えましょう。まずはじめに，秀吉のしたこと「検地」の内容を調べて目的を考えましょう。	T：指示する C：教科書・資料集で調べ，ノートにまとめる	・検地で確かめた耕作者は百姓として農山漁村に住まわせ，武士や町人は城下町へ住まわせた。その目的は，百姓には農林漁業に専念させ，武士たちを農村から城下町へ追い出すことである。（兵農分離）
	4「大阪城築城」の内容を調べて，秀吉の目的を考えましょう。	T：指示する C：教科書・資料集で調べる	・大名を，政治の拠点として，全国の大名へ戦争禁止を命令したり，城下町の商業をさかんにして税を徴収し，秀吉自身が全国の物産で商売したりした。
	・なぜ，秀吉は大阪を城の建設地として選んだのでしょうか。	T：発問する C：答える	・大阪は堺に近く，秀吉は，貿易と瀬戸内海の流通路を支配することができる。 ・大阪は，北陸と四国，東日本と西日本の中間に位置し，物流の中心地となる。
	5「石見銀山の経営」の内容を調べ，目的を考えましょう。	T：指示する C：教科書・資料集で調べる	・銀山経営の目的は，銀を代金にしたり輸出品にしたりして，戦争経費や城・城下町建設の資金の獲得にある。
	6「刀狩り」の内容を調べ，目的を考えましょう。	T：指示する C：教科書・資料2で調べる	・刀狩令の目的は，一揆を防ぎ年貢を確実に取ることにある。年貢は戦争や新しい城・町づくりに使われた。 ・百姓を農林漁業に専念させる。 ・刀を持つ武士は城下町へ，刀を持たない百姓は村に住まわせた。（兵農分離）
	7「朝鮮出兵」の内容を調べ，目的を考えましょう。	T：指示する C：教科書・資料3で調べる	・目的は，明を征服し朝鮮から領土と人質を取ること，勘合貿易復活にある。明と貿易をすれば，莫大な利益を得られる。
	8 秀吉が一番したかったことは，何ですか。なぜそう思うのですか。<u>秀吉になったつもりで，死ぬ時，側にいるねねや淀君，秀頼，徳川家康，前田利家に向かいつぶやきなさい。</u>	T：発問する C：ワークシートに書く	（各自，「秀吉の願い」に直結する行為を選択して，秀吉の言葉を吹き出しに書く） 例・大阪城築城：全国統一したかった。 例・朝鮮出兵：世界征服したかった。 例・刀狩令：年貢を確実に取りたかった。
	9 秀吉が一番したかったことは何でしょうか。5つのしたことを，矢印で関係づけて，図に表しましょう。	T：発問する C：ノートに書く	（秀吉の目的を念頭に置きながら一番したかった政策と他の政策とを関係づけ，図式化する。一番したかった政策を枠で囲む）
	10「秀吉が一番したかったこと」を同意できる人同士で班を作り，図式化しましょう。	T：指示する C：班ごとに分かれて話し合う	（2014年実践：朝鮮出兵5班17人，大阪城4班15人，刀狩り2班7人，合計11班は，それぞれ班ごとに，図式化する）
	11 班ごとに図を説明しなさい。	T：指示する	（四つ切り画用紙にかいた図を班ごとに

Ⅴ 仮説吟味学習による授業改善

	12 図「秀吉が一番したかったこと」の中で，最も納得できる図はどれですか。	C：発表する T：発問する C：答える	説明する） ・(例) 秀吉が一番したかったことは朝鮮出兵だ。検地で年貢を取り大阪城に蓄え兵に与える。刀狩りは百姓の反抗を防ぎ，しかも良い刀は武器として出兵で使う。銀は武器などを買うために使う。勘合貿易を復活させると大阪の城下町はますます商業が栄え，秀吉の利益も大きくなる。
	13 秀吉が一番したかったことは何ですか。なぜそう思うのか。自分の考えと政策の関係図を書きましょう。	T：発問する C：ワークシートに書く	(各自，ワークシートに「秀吉が一番したかったこと」についての自分の考えと，5つの政策の関係図を書く)
社会の視点からの仮説吟味（第3・4・5時）	14 皆さんの発表によって，新しくわかったことは何ですか。		
	・検地について，新しくわかったことは何ですか。	T：発問する C：答える	・検地によって農村から城下町へと追い出された武士が，やがて朝鮮へ出兵した。
	・大阪城について，新しくわかったことは何ですか。	T：発問する C：答える	・大阪城と城下町の建設は農村から追い出された武士たちの働く場所となった。
	・刀狩りについて，新しくわかったことは何ですか。	T：発問する C：答える	・集められた刀は，朝鮮出兵でも使われた。 ・農村から追い出された武士が，やがて朝鮮へ出兵した。
	・朝鮮出兵について，新しくわかったことは何ですか。	T：発問する C：答える	・朝鮮出兵は，領土がほしい大名や武士に活躍の場を与えた。
	15「秀吉が一番したかったこと」について皆さんから第3位の支持がある「刀狩り」は，4類型ABCDのどこに位置づきますか。		自分のため 　　　B　A 平和的に ←――→ 力ずく (お金・法律重視)　C　D　(武力・軍隊で) みんなのため
		T：発問する C：挙手する	(刀狩りの位置づけを挙手した人数は以下の通り。A30人，B7人，C1人，D1人)
	・刀狩りをA「自分のため，力ずくで行う」政策だと考える理由は，何か。	T：発問する C：答える	・刀狩りは，強制的に武器を取り上げて，秀吉に反抗する一揆を防ぐ政策だから。
	・刀狩りをB「自分のため，平和的に行う」政策だと考える理由は，何か。	T：発問する C：答える	・刀狩りは，法律として百姓身分を確定し，年貢を確実に納めさせる政策だから。
	・刀狩りをC「みんなのため，平和的に行う」政策だと考える理由は何か。	T：発問する C：答える	・刀狩りは，百姓に武器を持たせない法律で，殺し合いを防ぎ平和をもたらすから。
	・刀狩りをD「みんなのため，力ずくで行う」政策だと考える理由は，何か。	T：発問する C：答える	・刀狩りは，強制的に武器を取り上げて，殺し合いを防ぎ平和をもたらすから。
	16「秀吉が一番したかったこと」について皆さんから第2位の支持がある「大阪城」は，ABCDのどこに位置づきますか。	T：発問する C：挙手する	(大阪城の位置づけを挙手した人数は以下の通り。A0人，B5人，C33人，D0人)
	・大阪城築城をB「自分のため，平和的に行う」政策だと考える理由	T：発問する C：答える	・大阪城と城下町により，物流がさかんになり，秀吉自身の利益を大きくするから。

1 「理解」型6年生単元「豊臣秀吉」の授業改善

	は，何ですか。		・巨大な大阪城と城下町が，権力の大きさを見せつけ，反乱・反抗を防ぐから。
	・大阪城築城をC「みんなのため，平和的に行う」政策だと考える理由は，何ですか。	T：発問する C：答える	・大阪城などの工事は，村から追い出された武士の働く場所となる。また，商業がさかんになると新しい文化が生まれる。
	17「秀吉が一番したかったこと」について皆さんから第1位の支持がある「朝鮮出兵」は，ABCDのどこに位置づきますか。	T：発問する C：挙手する	（朝鮮出兵の位置づけを挙手した人数は以下の通り。A11人，B0人，C3人，D24人）
	・朝鮮出兵をA「自分のため，力ずくで行う」政策だと考える理由は何か。	T：発問する C：答える	・朝鮮出兵は，秀吉の勢力範囲を拡げて領土を獲得しようとする政策だから。
	・朝鮮出兵をC「みんなのため，平和的に行う」政策だと考える理由は，何ですか。	T：発問する C：答える	・朝鮮出兵は，明との勘合貿易復活をめざしており，それによって平和が実現されるから。
	・朝鮮出兵をD「みんなのため，力ずくで行う」政策だと考える理由は，何ですか。	T：発問する C：答える	・朝鮮出兵は，戦国時代が終わった今も領土欲のある大名・武士の不満を解消するために戦争をする政策だから。
仮説の修正・再設定	18 これまでの話し合いを総合的に考えると，秀吉は，どんな人だといえそうですか。自分の判断を図の中のABCDに位置づけましょう。	T：発問する C：ABCDいずれかの立場を判断する	（「A自分のため，力ずくで行う軍人」「B自分のため，平和的に行う平和主義者」「Cみんなのため，平和的に行う平和主義者」「Dみんなのため，力ずくで行う軍人」各児童は，いずれかの立場を選択する。）
	19 あなたは，豊臣秀吉をどんな人だと思っていますか。それは，なぜですか。あなたの考えを書きなさい。	T：発問する C：ワークシートに書く	（各自の秀吉の評価を判断基準となった政策の解釈とともに書く）

【資料】
1 「草かり場の争い」：『社会科資料集6年』日本標準，2018年，46頁。
2 「刀狩令第三条」：藤木久志『刀狩り―武器を封印した民衆―』岩波書店，2011年，43頁より筆者作成。

　資料2　刀狩令　第三条　1588
　百姓は武具を捨てて農具だけを手にし，もっぱら農耕に精を出していけば，子や孫の代までも長く幸せに暮らせる。これは，秀吉が百姓の暮らしをあわれみ，思いやってのことである。

3 「明使節との講和条件七ヵ条」：北島万次『日本史リブレット34　秀吉の朝鮮侵略』山川出版社，2012年，59～60頁より筆者作成。ただし，ここでは第1・3・5・6・7条を省略している。

　資料3　明使節との講和（こうわ）条件七ヵ条　1593　　（第2・4条は，絶対条件）
　秀吉が明にめいわくをかけていた海賊船かいぞくせん（倭寇わこう）を取り締まったが，明は感謝していない。これは明が日本をバカにしたものであるから明征服を計画した。
　第2条　日本と明の間の勘合（かんごう）貿易が断絶している。これを復活させること。
　第4条　朝鮮の北半分とソウルを朝鮮国王に返すが，南半分は日本のものとする。

※　本学習指導過程は2013・2014年に富山大学人間発達科学部附属小学校の合計4クラスにおいて，実験授業を重ね，修正したものである。これは，実施日程が最後となった6年2組で2014年7月8～10日に実践した時とほぼ同じ過程となっており，例示はその時の子どもの反応である。
　なお，実践では当時の資料集を使っているが，ここでは本書執筆時の発行ページ数で示した。

(3) 授業の実際

① 子どもの秀吉像

学習問題：豊臣秀吉とはどのような人でしょうか

　本学習問題のもと、「自分の秀吉に対する解釈」を自覚させる。そして、子どもたちが既に持っている秀吉に対する人物評価を、図V-3に示す4類型に分けた。

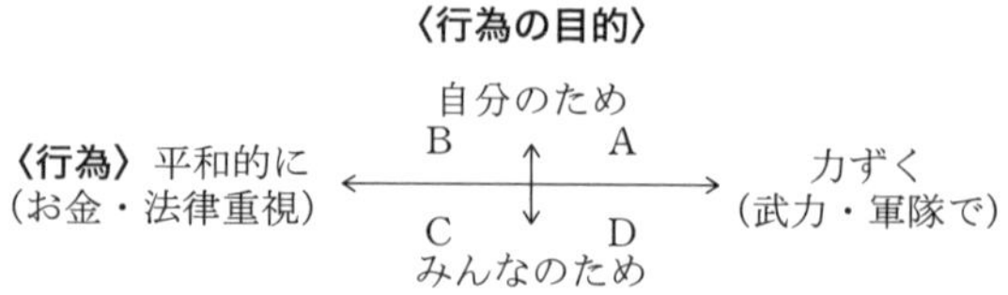

〈行為の目的〉
自分のため
〈行為〉平和的に　B｜A　力ずく
（お金・法律重視）——————（武力・軍隊で）
　　　　　　　　C｜D
みんなのため

図V-3　秀吉の行為解釈4類型

　人間は、何らかの行動を起こすとき、自分のためか、またはみんな・他者のためか、行為の目的に一貫性がみられるのではないだろうか。そこで人物評価のための一つの基準は、「行為の目的」とした。すなわち、秀吉は「自分及び家族のために行動する人なのか」、それとも「みんな、当時でいえば百姓や大名・武士のために行動する人なのか」、このどちらに目的があるのか、である。

　もう一つの評価基準は、行動（行為）そのものだ。力ずくで、すなわち武力・軍隊で目的を達成しようとするのが、一つの行為である。それは、軍事的抑圧的行為といっても良い。もう一つの行為は、平和的行為である。平和的行為とは、貿易といった経済的関係などお金に関わる行為や法律重視の行為であり、経済的法的行為を意味する。

　以上、目的と行為の2つの評価基準から秀吉の人物評価を4類型に分けた。
A類型：秀吉は自分のために力ずくで行動する人＝自己の利益を追求する軍人
B類型：自分のために平和的に行動する人＝自己の利益を追求する平和主義者
C類型：みんなのため平和的に行動する人＝公共の利益を追求する平和主義者
D類型：みんなのため力ずくで行動する人＝公共の利益を追求する軍人

　筆者の実験授業前、担任より1時間「一般的な秀吉の授業」を行っている。図V-4は、単元開始当初、発問1「あなたは、豊臣秀吉をどのような人だと思っていますか」について、子どもたちにワークシートに書かせた内容を類型化したものである。（数字は、子どもの整理番号）

1 「理解」型6年生単元「豊臣秀吉」の授業改善

これをみると，単元開始当初の秀吉に対する人物評価Aは39人中18人でほぼ半数，人物評価Bは11人で，両者を合わせると29人，実に74％の子どもが，秀吉は「自分のため」に行動する人物と評価していることがわかる。以下に，A・B類型の事例を挙げよう。

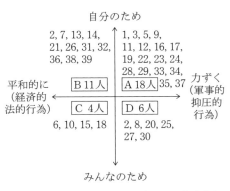

図V-4　秀吉の行為解釈（単元開始当初）

〈A類型を示すO児〉武力の力で治めようとしているので，秀吉は，日本のみんなには優しくないと思います。

〈B類型を示すT児〉Bだと思います。わけは，刀狩りや検地など農民に苦しい想いをさせて，自分の権力を高めていったからです。

② 共感的理解による「個の視点からの仮説設定」（第1・2時）

まず，学習問題を読み替え，子どもが考えやすいように「秀吉が一番したかったことは何か」について，秀吉個人の視点から，子どもに仮説を設定させる過程を組んだ。これが，「個の視点からの仮説設定」である。この過程では，「理解」型授業の特色である共感的理解を図る過程を取り入れた。

1) 問題状況を具体的事実として把握する

発問「秀吉はどんな少年時代を過ごしたか」等問いかけ，当時の状況を具体的に把握させた。

2) 感情移入によって目的・願いを確認する

発問「1582年明智光秀に勝利した秀吉は，翌年大阪城を築き始めます。その時秀吉は，どんなこと（目的・願い）を考えていたでしょうか」により，感情移入させ，秀吉の目的を考えさせた。

3) 行為を目的手段の関係から理解する

発問・指示3「秀吉がしたこと5つの内容を調べて秀吉の立場から，目的を考えましょう」と指示し，行為を目的手段の関係から理解させた。

4) 追体験によって予想し社会的意味を考える

発問8「秀吉が一番したかったことは，何ですか。それは，なぜですか。秀吉になったつもりで，死ぬ時，側にいるねねや淀君，秀頼，徳川家康，前田利家に向かって，つぶやきなさい」によって，追体験を図り，行為の社会的意味を考えさせた。すると，過半数21人の子どもが，C類型の秀吉像を示した。

③ 話し合いによる「社会の視点からの仮説吟味」(第3・4・5時)

1) 政策関係図づくりと意見交換：第3・4時

この過程は，子ども一人ひとりが設定した仮説「秀吉が一番したかったこと」について，社会の視点から吟味する過程である。本過程で工夫したことは2つ。

一つ目の工夫は，「政策関係図づくりと意見交換」である。まずはじめに，発問9「秀吉が一番したかったことは何でしょうか。5つのしたことを，矢印で関係づけて図に表しましょう」と指示した。「5つの政策」を関係づけることによって，それらを社会システムとして捉えさせ，その意味を考えさせたのである。

社会システムとしての政策関係図の作成では，仮説「秀吉が一番したかったこと」について同意できる子どもでグループをつくり，少人数で作業させた。政策選択の多い順は，朝鮮出兵17人，大阪城15人，刀狩り7人である。そして，班ごとに作成した図の発表後，意見交換する場を設け，各自，最も納得できる図を選択させた上で，それぞれもう一度，政策関係図を考えさせた。(上の写真は，3班が発表した政策関係図)

2) 政策解釈の見直し：第5時

子どもが仮説を社会の視点から吟味するための二つ目の工夫は，「政策の解釈の見直し」である。子どもたちは，前時での政策関係図の作成・発表を通して，お互いの政策解釈の違いに気づいている。そこで，意見交換を通して，政策の持つ社会的意味を見直させることにした。

「秀吉の一番したかったこと」について子どもたちの支持が多い順番は①朝

1 「理解」型6年生単元「豊臣秀吉」の授業改善

鮮出兵②大阪城③刀狩りである。授業では，それぞれの政策が持つ意味を，為政者秀吉の立場，百姓，大名，武士の立場から解釈し直させることを意図した。

例えば，発問16で大阪城の解釈について図V-3の位置づけを挙手させると，次のようになった。　A 0人，B 5人，C 33人，D 0人

大阪城をBに位置づく政策と捉える意見は，次の通りである。「ものの流れをますますさかんにして，自分のもうけを大きくしようとしている」「全国の大名に自分の力を見せつけるため」一方，大阪城をCに位置づく政策と捉える意見は，次の通りである。「新しい城下町をつくることは，村から追い出された武士の働く場所ができたことになる」「平地だと農民でも誰でも商売がしやすい」「たくさんの人が売ったり買ったり商売ができるだけではなくて，そこが楽しめる場所になるということ。今だったら，USJのような…」これらの発言は，現代の失業対策のための公共工事や大型ショッピングセンターを想起させる。

④ 仮説の修正・再設定（第5時最終場面）

発問19「あなたは，これから豊臣秀吉をどんな人だと思っていますか」

単元の最後に，秀吉に対する子ども一人ひとりの解釈を明らかにさせることで，当時の時代解釈を形成させようとした。子どもの書いた内容を類型化したものが，図V-5である。これをみると，単元開始当初（図V-4）と比べて，A類型が大幅に減り，B・C・D類型がほぼ同数となっている。「特定の解釈」に偏りがちであった子どもたちは，自由で自分固有の解釈をするようになったことを示して

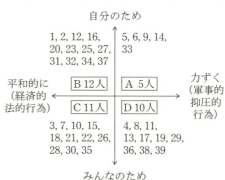

図V-5　秀吉の行為解釈（単元最終時）

いるといえよう。仮説吟味学習では，一人ひとりが自由な解釈を仮説として設定し，吟味し，自ら再設定することを意図している。子どもの解釈の変容は，仮説吟味学習の有効性を示しているといえるだろう。

最後に単元開始当初，秀吉をB類型と捉えていたT児が，単元最終時にはC類型と捉えているノート記述を紹介しよう。

――――C類型：T児「秀吉はどんな人か」――――

ぼくは，豊臣秀吉をみんなに思いやりのある平和的な人だと思います。なぜなら，大阪城は，武士の働く所（となったし），城下町をつくったり，商業を発達させたりしたからです。朝鮮出兵では，中国との貿易をさかんにして，日本を平和に，豊かにしたり，かつやくした武士，大名に土地を与えるためにやったと，思ったからです。　※（　）は，筆者による補足

● 註 ●
1) 池上裕子『織豊政権と江戸幕府』講談社，2009年，287頁。
2) 村井章介「「東アジア」と近世日本」歴史学研究会・日本史研究会編『日本史講座　第5巻　近世の形成』東京大学出版会，2004年，48頁。
3) 藤木久志『豊臣平和令と戦国社会』東京大学出版会，2012年。
4) 藤木久志『新版　雑兵たちの戦場』朝日新聞出版，2008年，206頁。
5) 米谷均「後期倭寇から朝鮮侵略へ」池亨編『天下統一と朝鮮侵略』吉川弘文館，2003年，148頁。
6) 小和田哲男『戦国富を制する者が天下を制す』NHK出版，2012年，53頁。

2 「説明」型5年生単元「工業生産と貿易」の授業改善

(1) 単元開発の目的

　ここでは,「説明」型授業の抱える問題(61頁参照)を仮説吟味学習によって克服することをめざした単元「工業生産と貿易」の実践を報告したい。本実践では,「子どもが仮説を設定し,子ども自身が仮説を吟味できる授業」「子どもが主体的に価値判断・意思決定できる授業」をめざしている。なお,本単元で学習内容としたい「変動する社会」は,「グローバル化する社会」と捉えており,既に学習内容を示しているので(55〜58頁),参照してほしい。

(2) 仮説吟味学習単元「工業生産と貿易」の開発

① 単元目標
〈知識・技能〉
・「わが国は,かつて加工貿易による工業生産といえたが,今や水平貿易(各国の得意分野を生かした貿易)による工業生産がさかんになってきている」ことがわかる。
・「わが国の国内自動車組立工場は国内部品工場と一体化するとともに,協力してつくり方を改良しているので,品質の良い自動車を生産することができる」ことがわかる。
・「自動車会社は,世界各地から最適な部品を仕入れ,世界の最適な場所で組み立てるから,好みの車を安く買い,早く届けてほしいという海外の人々のニーズに応えることができる」ことがわかる。
・資料から読み取った情報を,自らの仮説設定や吟味,他者の仮説吟味に活用する。
〈思考・判断・表現〉
・わが国の自動車会社が海外生産する理由について,自ら設定した仮説を説明し,他者の仮説を吟味する。
〈主体的に学習に取り組む態度〉
・わが国の工業生産について貿易の観点から関心を持ち,すすんで調べ,自らの解釈を持とうとする。

② 学習指導過程　※　下線部は学習問題と中核発問　ゴシックは知識・技能目標としての理論

過程	教師による主な発問・指示	教師と子どもの活動	期待される子どもの反応
導入	第1時の導入・問題把握(発問1〜5および子どもの反応)は,52〜53頁と同じため,省略		
個の視点からの仮説設定(第2時)	6 <u>なぜ,日本の自動車会社は,海外で自動車をつくるのでしょうか。</u>(単元全体の学習問題) 7 <u>もし,あなたが自動車会社の社長なら,世界のどんな所に自動車の組立工場を建てますか。</u> 8 <u>もし,あなたが自動車会社の社長なら,世界のどこに自動車の組立工場を建てますか。</u>	T:発問する C:仮説を設定する T:発問する C:仮説を設定する T:発問する C:世界地図に予想する工場立地地点と理由を書き込み発表する	(2014年の実験授業では,仮説「海外のニーズに応えることができるから」が,多くノートに記述されていた。 ・人口が多い所:消費者が多いから。 ・人件費が安い所:生産費を安くできる。 ・国土面積が広い所:土地代が安いから。 ・中国:人口が多いため,たくさん車が売れるし,働く人も多い。人件費が安い。土地が広く安い。国が産業の発展に力を入れている。 ・ブラジル:人口が多く労働者を確保できる。地図帳「世界の国別統計」では,国内で採れる鉄鉱石等を日本へ輸出して日本から自動車部品等を輸入している。

Ⅴ　仮説吟味学習による授業改善

			・メキシコ：人口が多く土地が広いため，人件費・土地代が安い。アメリカの隣。（実験授業では，アメリカ，オーストラリア，インドネシア，ロシア，インド，タイ，ドイツが挙げられた。ここでは省略）
社会の視点からの仮説吟味（第3時）	9 これまでに発表された「考え」に対して，意見はありませんか。	T：発問する C：話し合う	・メキシコを挙げる理由として，なぜ「アメリカの隣」を挙げるのか，わからない。
	・メキシコを「アメリカの隣」として工場立地場所として挙げる理由は何ですか。	T：発問する C：答える	・車の大消費地・アメリカの隣国でつくれば日本からの輸送費・時間を節約できる。メキシコは人口が多く人件費が安い。
	10 世界で人口の多い国はどこですか。	T：発問する C：資料9を調べる	・人口1億人以上の国は，中国，インド，アメリカ，インドネシア，ブラジル，パキスタン，ナイジェリア，バングラデシュ，ロシア，日本，メキシコである。
	11 人口が多ければ，今挙げた国のうち，どこでもよいのですか。	T：発問する C：答える	・港や道路が整備されていれば，部品や完成車の輸送に便利だ。 ・多くの人が車を買える豊かさが必要だ。 ・平和であれば車の製造・販売もできる。
	12 「鉄鉱石が採れる」ことは，組立工場を建てる上で，必要ですか。	T：発問する C：答える	・鉄鉱石が採れることは，関連（部品）工場には関係がある。 ・組立工場には，関連工場が必要だ。
	13 世界のどこにどんな関連工場があるのか，新聞や教科書で調べましょう。	T：発問する C：資料10・教科書を調べる	・新聞によると，タイ，マレーシア，シンガポール，ベトナム，インドネシアに富山県から関連工場が多く進出している。 ・教科書（東京書籍）55ページを見ると，タイ・マレーシアの組立工場にはアジアの関連工場から部品を運んでいる。
	14 海外の組立工場近くに関連工場があると，良い点は何ですか。	T：発問する C：答える	・部品の輸送時間と輸送費が削減できる。 ・安い人件費で部品生産できるなら，製品価格を安くできる。
	15 日本と比べて外国の人件費つまり賃金（給料）は，いくらですか。	T：発問する C：資料11・12を調べる	・日本の賃金を100とすると，インドは4.9，中国は8，インドネシアは2.6で，日本と比べて非常に安い。
	16 日本の自動車会社が海外生産する理由の予想「海外のニーズに応える」とは，どこのどんなニーズですか。	T：発問する C：答える	・メキシコは山がちなので坂を登る力の強い車が必要だし，ロシアは広く寒いので，エンジンの強い車を作る工場が必要だ。
	17 <u>もしあなたが自動車会社の社長なら，世界のどこに自動車の組立工場を建てますか。</u>	T：発問する C：自分の考えを書く	（ワークシートの世界地図に予想する工場立地地点と理由を書き込む。）
	18 実際には日本の自動車会社の現地生産工場は，どこにあって，工場数が，最も多いのはどこですか。	T：発問する C：資料13を調べる	・日本の自動車会社の現地生産工場は，世界各地にあり，現地生産工場数が，最も多いのは中国である。
	19 <u>なぜ，中国に日本の自動車会社の組立工場が，世界で最もたくさんあるのだろうか。</u>	T：発問する C：資料13をみて予想する	・国土が広く，広い用地を安く確保できる。 ・人件費が安いため，生産費が安い。

2 「説明」型5年生単元「工業生産と貿易」の授業改善

仮説の修正・再設定（第4時）	・車の販売台数が多いのは，どこですか。	T：発問する C：資料14をみて答える	・人口が多く，消費者が多いため，現地でつくれば，すぐ納車できる。 ・2011年自動車販売台数は，①中国②アメリカ③日本④ブラジル⑤ドイツ⑥インドの順である。
	・中国では生産してすぐ納車できる仕組みが整っているのでしょうか。	T：発問する C：答える	・資料13をみると，中国には世界最多の日本の部品工場があることがわかる。 ・国が，港や高速道路を整備している。
	・どうして，港や高速道路を整備すると，車づくりがさかんになるのか。	T：発問する C：答える	・部品工場と組立工場がジャストインタイムで結ばれ生産できる。 ・消費者へ早く輸送・納車できる。
	・中国の消費者は，どんなニーズを持っているでしょうか。	T：発問する C：予想する	・公害が問題になっているので，無公害車。 ・労働者は安い賃金なので，安い車がよい。
	・日本の自動車会社は，中国の人たちのニーズに応えられるでしょうか。	T：発問する C：答える	・中国は日本の本社に近いため，優れた技術で早く対応できる。
	20 なぜ，中国に日本の自動車会社の組立工場が，世界で最もたくさんあるのだろうか。	T：発問する C：意見を書く	（各自ワークシートに意見を書く）
	21 これからは，中国以外ではどこの国で日本の自動車組立工場が増えると予想しますか。	T：発問する C：予想し，ノートに書く	（各自ノートに意見を書く） ・（例Ⅰ児）ロシアは，面積が世界第一位だから，土地の値段が安い。また，いろいろな国と近いから各国の関連工場から部品を手に入れられる。（理論B）

【資料】　※第1時での使用資料1～8は，52～53頁と同じため，省略
9 「人口の多い国（2012年）」：『世界国勢図会2013／14年版』矢野恒太記念会，2013年，53頁。
10 「県内企業のマレーシア　シンガポール進出状況」「県内企業のベトナム　インドネシア進出状況」「供給網　回復の兆し」：2011年1月23日，1月30日，12月8日付北日本新聞。
11 「アジア各国の賃金格差」：『日本国勢図会2010／11年版』矢野恒太記念会，2010年，92頁。
12 「各国の1人あたり労働コスト」：『日本国勢図会2013／14年版』矢野恒太記念会，2013年，95頁。
13 「日系自動車メーカーの現地生産工場数」：『2013年（平成25年）版日本の自動車工業』日本自動車工業会，2013年，54～55頁。
14 「主要国の四輪車販売台数推移」：同上，62頁。
※　本学習指導過程は2012年，2013年，2014年に富山大学人間発達科学部附属小学校6クラスにおいて，実験授業を重ね修正した成案です。2014年に5年1組で実施した時の子どもの反応を例示しました。

(3) 授業の実際

① 個の視点からの仮説設定（第1・2時）

単元の学習問題「なぜ，日本の自動車会社は，海外で自動車をつくるのでしょうか」に対する子どもの仮説は，抽象的なものばかりであった。そこで，より具体的に誰もが仮説を設定できるように，以下のように問いかけた。

発問7「もし，あなたが自動車会社の社長なら，どんな所に自動車の組立工

Ⅴ　仮説吟味学習による授業改善

場を建てますか」すると，社長個人の視点より，「人口が多い所」「人件費が安い所」「国土面積が広い所」と答えた。続いて，学習問題・発問8を提示した。

───〈第2時の学習問題・発問8〉───
もしあなたが自動車会社の社長なら，どこに自動車の組立工場を建てますか

　これは，個の視点からの仮説設定を促す発問であり，自由な発想を促す発問である。子どもたちはまず，地図や地図帳巻末の「世界の国別統計」で面積や人口，日本との間の輸入品・輸出品を調べながら，ワークシート（左上にⅠ児の仮説を例示）に自らの仮説を記入する。その後，黒板に貼られた世界地図上の工場立地場所として適切であると考える地点に数字の着いた磁石を置き，理由を板書する。（左下の写真）子どもたちは，中国などに立地点を考え，理由を板書した。例えば，「中国は人口が多いため，たくさん車が売れるし，働く人も多い。人件費が安い」「ロシアは広いため土地代が安く，広い工場の敷地が確保できる」「アメリカは，港や高速道路が整備され輸出入にも，国内輸送にも便利」「メキシコは，アメリカの隣」等が理由である。その他，「インドは鉄鉱石が採れる」と根拠を発言する子どももいれば，「タイは仏教徒が多いため，まじめに働いてくれそう」とイメージを語る子どもも出た。これらは，まさに「個の視点からの仮説」といえるが，案外，的外れなわけでもない。

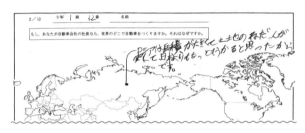

138

② 社会の視点からの仮説吟味（第3時）

　ここでは，仮説の根拠を資料で確かめたり，仮説の社会的意味を考えさせたりすることによって，「社会の視点から」仮説を吟味させる。仮説の根拠を確かめるには，地図帳や『社会科学習事典』（文英堂），『日本のすがた2013』（矢野恒太記念会）を活用させた。例えば，「仮説の社会的意味」を考えさせるために，「なぜ人口が多いことが，工場立地にとって良いことなのか」と問う。すると子どもは，「たくさんの労働者が得られる」「安い賃金で働いてくれる人がいるだろう」「消費者が多い」と答えた。つまり，子どもは，「人口が多い」ことを，安い労働力と消費市場の確保から捉えていた。続いて，発問11「人口が多ければ，今挙げた国のうち，どこでもよいのか」と問うと，子どもは，「たくさんの人が車を買うことのできる豊かな社会でなければならない」「車の製造販売ができる平和な社会でなければならない」さらには，「港や道路などインフラ整備が必要である」ことを発言した。これら，子どもの発言にみられる**労働者，人件費，消費市場，豊かさ，平和，インフラ整備等「社会の視点」**から，再度それぞれの仮説を吟味・設定させた。するとI児は，中国を挙げ，「面積の大きさが世界で4位で人件費が安く，産業の発展に力を入れていて，首都の北京は海に近いから人がいて，車がよく売れるから」と理由付けした。

③ 仮説の修正・再設定（第4時）

　調べると，実際に日本の自動車会社の現地生産工場が最も多いのは，中国であることが確認できた。そこで，**発問20「なぜ，中国に日本の自動車会社の組立工場が，世界で最もたくさんあるのか」発問21「これからは，中国以外ではどこの国で日本の自動車組立工場が増えると予想しますか」**と問いかけ，単元の学習問題「なぜ，日本の自動車会社は，海外で自動車をつくるのでしょうか」を具体化した。子どもに因果関係を問うたり，未来予測の判断をさせたりすれば，子どもの持つ理論を引き出すことができると考えたからだ。発問20・21に対する子どもたちの反応は，具体的で，「関連工場の存在」など社会の視点から答えるものばかりであった。（子どもの変容は，『社会系教科教育学研究　第27号』の拙稿を参照して下さい。）

Ⅴ　仮説吟味学習による授業改善

3　「意思決定」型5年生単元「今後の食料生産」の授業改善
（1）単元開発の目的
　「意思決定」型授業では，子どもにとって「すべての解決策（対策）の提出」「解決策（対策）の論理的結果の予測」は困難，という問題がある。そこで，仮説吟味学習によって，子どもが比較的容易に「すべての解決策の提出」「解決策の論理的結果の予測」ができるようにさせたい。
　この開発単元では，**基本的な学習過程**（66頁参照）の**「イ　原因究明」「ウ　すべての解決策の提出」「エ　解決策の論理的結果の予測」それぞれに個の視点と社会の視点を入れてみよう**。社会的論争問題「わが国の食料自給率が低下し続ける中，私たちは，どうやって食料を確保すればよいのか」を個と社会の両視点つまり複眼的視点から考えさせようと，以下の展開を構想した。
Ⅰ　導入：社会的論争問題に出会う。
Ⅱ　展開：「意思決定」の活動を行う。
ア　問題把握
　社会的論争問題を自分たちの生活と関連づけて，具体的に把握する。
イ　原因究明
　ここでは，社会変動の様子と原因を個の視点と社会の視点から具体的に明らかにさせる。「皆さんと祖父母との食生活の違いはどこか」と個の視点から考えさせ，洋食化など食生活の変化，そして，専門店より量販店という消費生活の変化に気づかせる。そして，社会の視点として，産業別人口などの資料を読み取らせたりして，畜産飼料の輸入，漁業資源の減少と枯渇の危機，高齢化した農家・漁師の市場ニーズ（定量・定規格）への対応不適応に気づかせたい。
ウ　すべての解決策の提出　エ　解決策の論理的結果の予測
　この両過程を2つの解決策ごとにそれぞれ連続して展開しよう。個の視点から解決策を考えさせ，続けて，「なぜか。もしそのような解決策を実行すると，どのような結果が生じるか」について社会の視点から予測させることにした。例えば，「国民の食料確保をどうすればよいのか」という単元の学習問題に対

3 「意思決定」型5年生単元「今後の食料生産」の授業改善

して,「私たちが家畜のえさ…などを確保するためには,農家や漁師さんにどのようにお願いすればよいですか」と個の視点から考えさせる。そうして設定した解決策に対して,「国や県は,どんな取り組みをすればよいか」という社会の視点から吟味させて,品種改良や農家・漁師への収入保障,外国との漁獲量制限交渉という対策(政策)の必要性に気づかせる。

もう一つの解決策「複数の輸入先を確保し,農水産物の輸出を増やす」を設定させる時も,「あなたの食料をどうやって,確保したらよいか」と問うたりして,個の視点から考えさせる。その上で,国や県の取り組みという社会の視点から吟味させて,「各国が得意分野の品物を輸出する」という比較優位の原理や農業の多面的機能,外交,検疫制度といった対策(政策)に気づかせたい。

オ 解決策の選択と根拠づけ

ここでは,よりよい解決策はどのようなシステムか,創造的に考えさせたい。

Ⅲ まとめ:社会的論争問題について自らの考え・アイデアをまとめさせる。

(2) 仮説吟味学習単元「今後の食料生産」の開発

① 単元目標
〈知識・技能〉
・「食料輸出を禁止する国が想定されるため,それぞれの国は自国で食料を確保する必要がある」こと(食料安全保障)がわかる。
・「わが国からは得意分野である工業製品を輸出し,食料は輸入すればよい」という考え方(比較優位の原理)がわかる。
・「水田には国土保全(洪水・土砂崩れの防止),環境保全(空気浄化・気温調節),水源という多面的機能がある」ことがわかる。
・「食料を自ら生産するにしても,輸入するにしても,食料を確保するには外交関係が良好でなければならない」ことがわかる。
・資料から読み取った情報を,自らの仮説設定や吟味,他者の仮説吟味に活用する。
〈思考・判断・表現〉
・わが国の食料自給率低下問題の原因や解決策を考え,複数の解決策を吟味する。
・わが国の食料自給率低下問題について最善の解決策を選択し,その理由を説明することができる。
〈主体的に学習に取り組む態度〉
・わが国の食料問題および今後の食料生産について関心を持ち,意欲的に調べ,解決策を持とうとする。

Ⅴ 仮説吟味学習による授業改善

② **学習指導過程**　　※　下線部は学習問題・中核発問　　ゴシックは知識・技能目標の理論

過程	教師による主な発問・指示	教師と子どもの活動	期待される子どもの反応
導入	第1時の導入・問題把握（発問1〜5および子どもの反応）は，67〜68頁と同じため，省略		
原因究明〈第2時〉	6 <u>なぜ，わが国の食料自給率は下がり続けているのでしょうか。</u> ・皆さんと祖父母との食生活の違いはどこでしょうか。また，皆さんと祖父母との買い物の違いはどこでしょうか。魚を例に考えましょう。（個の視点から仮説設定） ・資料から「産業別人口」「土地利用」の変化をみたり，既習内容を振り返ったりして，自給率が下がった原因を考えましょう。（社会の視点から仮説吟味）	T：発問する C：既習内容や資料6から答える T：発問する C：既習内容や資料7・8から答える	・和食から洋食へ変化し，しかも，手作りから外食や総菜の購入へと変化した。 ・魚は専門店でそのまま買っていたが，今は量販店で調理しやすいかたちでトレーで買う。 ・農業や水産業で働く人の割合が減り，高齢化が進んでいるため，野菜や魚介類の生産が需要に応えられない。 ・宅地面積が増え，田畑の面積が減った。 ・畜産のための飼料は輸入している。 ・漁業資源の減少・枯渇が進んでいる。
解決策1の設定とその論理的結果の予測〈第3時〉	7 <u>わが国の食料自給率は低下しています。国民の食料確保をどうすればよいのでしょうか。</u>（単元の学習問題） 8 私たちが家畜のえさや小麦，野菜，魚介類を確保するためには，農家や漁師さんにどのようにお願いすればよいですか。（個の視点から仮説設定） 9 外国からの輸入を増やすのではなく，農家や漁師さんに，そんなお願いをするのは，なぜですか。（社会の視点からの仮説吟味） 10 農家は新しい作物の栽培を，そして漁師さんは漁獲制限を，という願いを受け入れてくれるでしょうか。（個の視点から仮説設定） 11 農家や漁師さんにお願いを受け入れてもらうためには，国や県は，どんな取り組みをすればよいでしょうか。（社会の視点からの仮説吟味）	T：発問する C：答える T：発問する C：答える T：発問する C：答える T：発問する C：答える	・（解決策1）自給率の低下を止めて，上昇させる。そのために，農家にお願いして飼料用米や小麦，人気の高い野菜を新しく栽培してもらう。また，漁師さんに魚を捕りすぎないようにお願いする。 ・なぜなら，外国が食料の輸出を禁止したら，私たちは食べ物に困るので，**自国で食料を確保する必要があるから。（食料安全保障）** ・農家は栽培に不安があるし，しかも，農家も漁師さんも収入が減るだろうから，受け入れてくれない。 ・農家に飼料用米や小麦，人気の高い野菜の栽培を新しく受け入れてもらうには，農業試験場が，自然条件に合った品種改良をしたり栽培方法を確立したりする。 ・国が農家や漁師さんの収入を保障する仕組みをつくるため，国民の税金を使う。 ・日本の漁師の漁獲量制限だけではなく，国が**外国と漁獲量制限の交渉をして，漁業資源保護の仕組みをつくる。**
	・農家や漁師さんへのお願い（解決策1）が受け入れられない時，あなたは祖父母らの食事（和食）に変えますか。（個の視点からの	T：発問する C：答える	・洋食が好きだし，両親ともに働いていて総菜は便利だから，今までの食生活を変えることはできない。

3 「意思決定」型5年生単元「今後の食料生産」の授業改善

解決策2の設定とその論理的結果の予測（第4時）	仮説設定） 12 では，あなたの食料をどうやって，確保したらよいと考えていますか。（個の視点からの仮説設定）	T：発問する C：答える	・（解決策2）これまで通り農業と水産業を守りながらも，複数の輸入先を確保し，農水産物をより多く輸出する。 ・**わが国からは得意分野である工業製品を輸出し，食料は輸入すればよい。（比較優位の原理）** ・**水田には国土保全（洪水・土砂崩れの防止），環境保全（空気浄化・気温調節），水源という多面的機能があるから耕作を続けて欲しい。**
	13 食料輸入では，どのような貿易が望ましいでしょうか。（社会の視点からの仮説設定）	T：発問する C：既習内容から予測する	
	14 解決策2「農業と水産業を守りながらも，複数の輸入先を確保する」ことにしようとしても，多くの農家は耕作をやめています。国や県は農家にどう言って説得しますか。（社会の視点からの仮説吟味）	T：資料9を示して発問する C：答える	
	15 農家の耕作続行には，国や県のどんな取り組みが必要ですか。（社会の視点からの仮説吟味）	T：発問する C：答える	・国が，棚田等耕作の難しい農家に補助金を払い，水田を維持する仕組みをつくる。 ・**複数の食料輸入先を確保するため外交関係を良好にしなければならない。世界の人口は増えているのに，耕作面積は数十年変わらず，将来地球規模で食料が不足すると，輸入先を確保できなくなるから。**
	16 外国から食料を安定的に輸入するためには，国や県はどうすればよいですか。（社会の視点からの仮説吟味）	T：発問する C：既習内容や資料10・11から予測する	
	17 輸入で国が取り組むことは，何ですか。（社会の視点からの仮説吟味）	T：発問する C：答える	・食料について安全・安心を確保できるよう検査の仕組みをつくりたい。
解決策の選択	18 あなたがベストだと思う「食料を確保する方法」は，どちらですか。 A 自給率↗ 輸入食品↘（国産食料を増やして，外国産食料を減らす） B 自給率↘ 輸入食品↗（国産食料が減ったら，外国産食料を増やす） 理由もつけて，答えて下さい。	T：発問する C：答える	（各自根拠を明確にして選択する） ・（例）解決策1「自給率を上昇させる」ためA。食料は国民の健康・安全を保障するために必要だから。 ・（例）解決策2「複数の輸入先を確保する」ためB。工業と同様，農業や水産業でも海外の人々と分業・協力できる。
まとめ	19「日本の食料問題」について，自ら考える最善の解決策をノートに書きましょう。	T：発問する C：ノートに書く	（各自，複数の解決策それぞれの良い点・問題点を明らかにして，自らが選択する最善策の根拠を明示する）

【資料】　※第1時での使用資料1～5は，67～68頁と同じため，省略
6 「和食と洋食の写真」：『新編　新しい社会5上』東京書籍，2014年検定済み，114頁。
7 「産業別の人口の割合の変化」：同上，115頁。
8 「土地利用の変化」：同上。
9 「その年耕作をやめた田畑の面積と，耕作放棄地（何年も耕作していない田畑）の面積のうつり変わり」：『新しい社会5上』東京書籍，2010年検定済み，85頁。
10 「世界の人口の変化（国際連合）」：『小学社会5上』教育出版，2010年検定済み，96頁。
11 「世界の耕地面積の変化（国際連合）」：同上。
※　本学習指導過程は2015年，2016年，2017年に富山大学人間発達科学部附属小学校6クラスにおいて，実験授業を重ねて修正した成案です。最終年に5年2組実施時の子どもの反応を例示しました。

（3）授業の実際

　3年間6クラスで実験授業を実施したが，いずれも子どもは異なる反応をみせ，前ページに示した「学習指導過程」通りにできたとはいえない。そこで，ここでは，最終年5年2組で実施した際の子どもの反応を紹介する。

　第3時「解決策1の設定」に際しては，学習問題「国民の食料確保をどうすればよいのか」について，「私たちが家畜のえさ…などを確保するためには，農家や漁師さんにどのようにお願いすればよいですか」（個の視点）と問いかけた。すると子どもは，「漁師さんはとる量をホドホドにしてもらわないと，魚がいなくなってしまう」「取り尽くしてしまうといなくなるから，量を制限したらいい」と発言した。そこで筆者は「これを規制をかける，といいます」と説明。すると子どもは，「外国にも規制をかけないと，日本だけ規制しても意味ない。船の数とか，漁獲量とか…」「日本は必要な量だけとったら，後は外国に好きなだけとらせてあげればいい。どうせまた次の年になったら，大きくなってたくさんやってくるのだから」「小さい魚も大きい魚もとりすぎたら，もう次の年にはやってこない。だから外国にも規制をかけるべき」「規制をかけると言っても，どうやって，どこに規制をかけるのか，かけようがない」と，子どもは個の視点から，国の取り組みという社会の視点へと転換していった。そこで，筆者より，サンマ・マグロの規制を交渉する新聞記事を紹介した。

　授業後のノートには，「日本に興味のある外国人を招いて，農業や水産業で働いてもらえばよい」「野菜工場をつくるために，国の補助金が必要だ」「品種改良をして，おいしく，早く育つ食料をつくる」等，国の取り組みが多かった。

　第4時「解決策2の設定」に際しては，「外国産食料を増やすには，国や県はどんな取り組みをしたらよいですか」と問うた。すると子どもは，「貿易をさかんにすればいい。食料を輸出してもらう代わりに，日本から洗剤やゴム手袋，自動車を輸出して，お互い助け合う」「日本人が外国へ行って，日本向けの野菜を作ったり現地の人へ作り方を教えたりすればいい」というアイデアが発言された。指導案通りでは決してないが，個の視点と社会の視点を往復しながら，よりよい解決策はどのようなシステムか，創造的に考える授業となった。

Ⅵ　仮説吟味学習による単元開発

1　4年生単元「伝統的資源を生かす地域－富山県高岡市金屋町－」の開発

（1）単元「伝統的資源を生かす地域－富山県高岡市金屋町－」の学習内容

　本単元では，第4学年の内容（5）県内の特色ある地域の様子を扱う。この内容では，身に付けるべき知識及び技能として「人々が協力し，特色あるまちづくりや観光などの産業の発展に努めていること」を，身に付けるべき思考力，判断力，表現力等として「位置や自然環境，人々の活動や産業の歴史的背景，人々の協力関係などに着目して，地域の様子を捉え，それらの特色を考え，表現すること」と記してある。これらの内容を踏まえ，「富山県高岡市金屋町がどのように変動し，特色あるまちとなっているか」について，以下考察する。

> 　金屋町は，前田利長公が高岡城下の殖産興業を目的に礪波郡西部金屋から7人の鋳物師を招き，町の中心部から千保川を挟んで対岸の地に無償で土地を与え，税を免除し鋳物を作らせた鋳物の街である。鋳物作りは火を扱うため，中心部から離れ，川を挟んだ地区に街をつくったのである。ところが現在は，大量生産等の理由によって，生産の拠点が郊外へと移っている。
> 　ただし金屋町には「さまのこ」と呼ばれる千本格子や白い漆喰の壁が特徴的な町家が連続して建ち，数は少なくなったものの，町家裏の作業場ではかつてと変わらぬ技法で鋳物作りが行われている。昭和62年には住民の間で「金屋町まちづくり憲章」が制定され，この憲章に基づいて，住民らの努力により町並みの保存がなされてきた。その活動は，金屋町まちづくり協議会や町なみを考える藤グループなど，自主的な団体を中心として継続され，平成24年，国の伝統的建造物群保存地区に選定されることとなった。
> 　今では，御印祭，金屋楽市などのイベントの実施や昔ながらの町家の雰囲気を味わえる移住体験施設の建設など，伝統産業活性化による文化拠点再整備を目指す事業が続けられている。

Ⅵ　仮説吟味学習による単元開発

このような地域素材を教材化し，次のような社会システムを捉えさせたい。

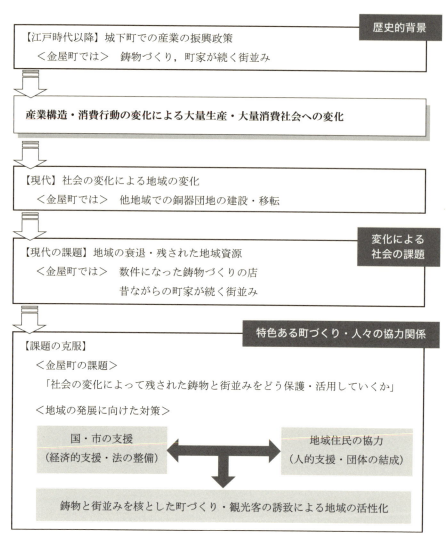

図Ⅵ-1　高岡市金屋町における地域資源の保護・活用

1 4年生単元「伝統的資源を生かす地域－富山県高岡市金屋町－」の開発

（2）単元「伝統的資源を生かす地域－富山県高岡市金屋町－」の開発

① **実施学級** 富山大学人間発達科学部附属小学校 4年2組（2012年11月）
② **単元目標**
○「高岡市が，伝統や文化を保護・活用している地域である」ことを理解するとともに，高岡市金屋町の特色に関する情報を集め，読み取ることができる。　　　　　　　　　　　【知識・技能】
○高岡市金屋町の特色について考え，自らの意見を理由とともに説明し，パンフレットの形で表現することができる。　　　　　　　　　　　　　　　　　　　　　　　　　【思考・判断・表現】
○高岡市金屋町の伝統的な文化の保護・活用について関心を持ち，意欲的に調べ，まとめようとする。
　　　　　　　　　　　　　　　　　　　　　　　　　　　　　　　　【主体的に学習に取り組む態度】

③ **学習指導過程**　　　　　　　　　　　　　　　　　　　　※下線部は学習問題・中核発問

過程	教師による主な発問・指示	教師と子どもの活動	期待される子どもの反応
〈第1次〉個人の側からの仮説設定	1 地域の特色がつまった高岡市金屋町のパンフレットを作成するには，紙面に何を掲載すればよいのだろう。	T：発問する。 C：既習事項を想起し，見通しをもつ	・国語の時間にもつくったから，私たちにも作れそうだ，やってみたい。 ・高岡市で，大仏をみたことがある。大仏を紹介すればよい。
	2 「歴史都市高岡」と呼ばれている高岡市は，どのような都市なのだろう。	T：発問する C：生活経験や資料1をもとにして答える	・昔から続くものが多い都市だろう。 ・「前田」という有名なお殿様がいて，城址公園があるから歴史都市だ。 ・高岡大仏や，瑞龍寺など，古くからのよいものが多い都市だ。
	3 なぜ，年間300万人をこえる観光客が高岡市に訪れるのだろう。	T：発問する C：資料1で答える	・古い建物以外にも，とても大きな大仏があるから，見に来るのだろう。 ・大仏をつくるための技術があって，銅器もたくさん売られているからだ。
	4 高岡市はどんなものづくりで栄えてきたのだろう。	T：発問する C：資料2で答える	・鋳物づくりで栄えてきたところだ。
	5 鋳物づくりとはどんな産業なのだろう。	T：発問する C：資料3で答える	・職人が分業をしてつくっている。江戸時代から続く産業だ。
	6 パンフレットには，何を掲載すればよいのだろう。	T：発問する C：答える	・銅器の生産量が多いから，銅器のことを載せればよい。瑞龍寺など，古いお寺を紹介すればよい。（仮説1）【有名なものの紹介】 ・鋳物発祥の地の金屋町もよいのでは。
〈第2次〉社会の側からの仮説吟味	7 高岡市の金屋町は，どのような町なのだろう。	T：発問する C：資料4をもとに，道路拡張賛成派，反対派に分かれて話し合う。	・鋳物発祥の地で，江戸時代に鋳物師を呼んで以来，鋳物づくりに取り組んでいる町だ。 ・道路を広げるかどうかが問題になった。暮らしたり，鋳物づくりをするには道が狭いという問題がある。【現代の課題①】 ・住民が自主的に町づくり憲章をつくって，人の出入りがあっても古い町並みを守れるようにしている。 　　【現代の課題②】【地域住民の対策】
	8 金屋町では，どのように鋳物をつくっているのだろう。	T：発問する C：資料5で答える C：予想をもち，見学を行う	・職人さんは，伝統のやり方を受け継いでいきたいという思いでやっていた。 ・鋳物を買いに来た観光客のためにもつくっている。
	9 鋳物は，どこで多くつくられているのだろう。	T：資料6・7を提示し，発問する	・高岡市は，今でも全国の銅器生産のシェアは9割だ。

Ⅵ　仮説吟味学習による単元開発

	10 (別の地区につくった銅器団地で作る方が,効率的なのに) なぜ,金屋町で銅器をつくり続けているのだろう。	C：資料6・7で答える T：発問する C：答える	・観光駐車場,トイレ,鋳物資料館など,高岡市が計画を立てて整備していた。 【市の対策】 ・金屋町の鋳物工場は残り数軒になっている。敷地も道路も狭かった。今は,広い敷地で大きな道路を整備した銅器団地で生産をしている。 【現代の課題③】【市の対策】
	11 職人や地域の人は,どんな考えをもち,どうしたいのだろう。	T：発問する C：答える	・鋳物で有名な金屋町でつくることが,伝統を受け継ぐことになる。 ・金屋町の古い町並みに合わせて鋳物をつくることで,より有名になる。買う人が町並みを見て伝統を感じながら,鋳物を買うことができる。 【地域住民による観光客の誘致の対策】 ・銅器団地は,高岡の銅器生産を支えている。一方,金屋町の職人や地域の人は金屋町の鋳物づくりに観光の役割をもたせたいと思っている。 【高岡市の都市づくりの意図】
〈第3次〉仮説の修正・再設定	12 金屋町の特色やよさを表すパンフレットには,何を掲載すればよいのだろう。 有名なものを載せればよい （仮説1） ↓ 職人の立場,地域住民の協力,国や市の支援,観光客の立場を踏まえたうえでの子供の選択・判断の場 ↓ 地域住民,行政の支援により,人々の消費生活ものづくりから 観光資源としているよさを載せればよい （仮説2）	T：発問する C：資料8を見て答える T：発問する C：答える	・鋳物体験を載せるのがいい。鋳物発祥の地だから,観光客が楽しみながら,歴史も感じられる町だということを載せるとよい。【職人の立場】（仮説2） ・鋳物のよさだけでは足りないと思った。今の金屋町は,街づくり憲章やボランティアグループをつくって,みんなで守ってきたからいい町になっている。このことも入れて書くと観光客も歴史を守る人の存在に気付いてもらえる。 【地域住民の協力】（仮説2） ・高岡市と協力してつくった鋳物資料館を紹介しよう。それから古い町並みのことも書こう。町並みは,国がつくった伝統的建造物保存地区という仕組みに選ばれたから,国や市と協力して,昔の町並みもこの先も保存することができそうだ。 【国や市の支援】（仮説2）

【資料】
1　「文化の森回廊マップ　高岡市中心部」：高岡市,2012年。
2　「金屋町年表」：『金屋町開町400年記念誌　鋳物のまち・金屋』金屋町開町400年祭実行委員会,2011年,巻末「金屋町由来年史」。
3　「高岡市の銅器づくり」：『きょう土のすがた』富山県教育会,2017年,70頁,71頁。
4　「金屋町の町並み」：『ふるさと高岡』郷土出版社,2009年,96頁。
5　「NHK－BSプレミアム　にっぽん　微笑みの国の物語」NHK番組,2012.1.5放送。
6　「金屋町の鋳物工場数の推移」：筆者現地取材により作成。
7　「金屋町・戸出の様子」：筆者現地取材により作成。
8　「金屋町マップ　いこまいけ金屋町」：高岡市,2011年。

1 4年生単元「伝統的資源を生かす地域―富山県高岡市金屋町―」の開発

（3）単元の構成
〈第1次〉地域の特色の発信―個人の側からの仮説設定―

単元全体を通しての学習問題は，「地域の特色がつまったパンフレットを作成するには，何を掲載すればよいのだろう」である。したがって単元において子供は様々な学習問題を追究していくが，常に「金屋町のよさや特色は何か」に対する仮説を更新していくことになる。

地図資料の読み取り

まず，対象となる金屋町を市単位で概観するところから学習を始めた。子供は，高岡市の地図をもとにして歴史的な資源があることを捉え，観光客が訪れる理由を理解していった。次に金屋町が鋳物発祥の地であることを見付け，鋳物づくりに興味をもち始めた。ここで子供は，「歴史のある高岡大仏を紹介すればよい。鋳物など，有名なものをパンフレットに掲載すればよい」等，個人の視点で仮説を設定した。

〈第2次〉鋳物の生産拠点の移転―社会の側からの仮説吟味―

伝統的な産業の衰退・変化という社会の仕組みの変化から，「鋳物が発祥した地域で生産を続ける意味」について考える2次である。鋳物づくりの様子を映像資料を視聴し，さらに金屋町の見学（鋳物づくり体験）を行うことで，鋳物師の内面を考えたり，観光客が多く訪れる都市であることと関連付けて考えたりしていった。

鋳物づくり体験

次に，「金屋町から高岡市内の別の地域に『銅器団地』がつくられ，生産の中心が移動した。伝統を守ったり，販売を続けたりするための鋳物づくりは，銅器団地で続けることができる。それなのに，なぜ金屋町で鋳物づくりを続けるのだろう」という学習問題について話し合った。

149

VI　仮説吟味学習による単元開発

　ここで子供は，金屋町から鋳物工場が移転していることや住んでいる人が少なくなっていることなど金屋町の抱える現代の課題を知る。そしてその課題について，見学で調べたことや資料から読み取ったことをもとにして，「職人は観光客のために鋳物づくりを伝統的な方法で丁寧に作っている」（職人の立場），「高岡市は，生産のために銅器団地を

２次板書「生産を続ける意味」

つくった。金屋町は古い街並みと合わせて観光客のために鋳物づくりを続けている」（市の立場）「町づくり憲章をみると，地域の人がきまりをつくって街並みを守ろうとしていることがわかる」（地域住民の立場）等，様々な立場にたち，社会の側からの仮説吟味を行っていった。

〈第３次〉発信内容の吟味—仮説の修正・再設定—

　地域の特色を捉えた子供が，発信する内容を具体的に判断する３次である。「金屋町のよさや特色を発信するためには，どのような内容をパンフレットに載せればよいのだろう」という学習問題について話し合った。

　ここで子供は，単元を通して獲得した「金屋町は，伝統的な資源が保護・継承されている地域である」という概念をつかって，鋳物や町並みのよさを発信したいと考える子供が多く見られた。

　しかし地域住民作成のパンフレットの資料を読み取る中で，地域資源を保護・活用するための歴史的建造物を保存するきまりの制定や町並みを守るための人々の活動等が，重要な役割を果たしていることが明らかになっていった。

　Ａ児は，話し合う前には「歴史ある高岡銅器のことをパンフレットに書きたい。銅器の魅力を伝えたい」と考えていた。しかし，授業後は次頁のようなパンフレットを作成した。

　パンフレットには「藤グループ」という地域住民の働きを最初に書き，地域

住民の協力を伝えている。また，観光客のニーズに合わせた職人の鋳物づくりに着目し，紹介をしている。このように子供は，「有名な高岡銅器を紹介したい」という初めの考えから，「伝統的な資源を保護・活用しようとしている人々の協力関係を紹介したい」と変容していった。

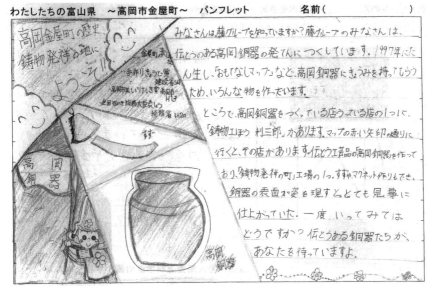

A児のパンフレット（抜粋）

（4）授業づくりのポイント

①主体的な学び

本実践では，「地域の特色を表すパンフレットづくり」を単元のゴールの活動とおいた。その際，地域の活性化に向けて取り組んでいる高岡市観光課から，パンフレットづくりへの意欲喚起と評価について，協力を仰いだ。このように実社会の課題解決に向けて動いている人と協力をすることで，子供は実社会と学習とのつながりを意識しながら，主体的に学習に取り組むことができる。

②対話的な学び

本実践では，子供の考え「鋳物発祥の地で鋳物をつくり続けるのはよいことだ」に対して，子供の考えと異なる社会的事象「鋳物発祥の地から移転し，産

業団地での鋳物の生産」に出合う場，子供の考え「地域のよさや特色を表すには，鋳物や町並み等，『もの』を紹介すればよい」に対して，子供の考えと異なる社会的事象「地域住民はきまりや地域資源保護・活用のためのグループ運営等，協力を大切にしている」に出合う場を設定した。このように子供が自分の考えに違和感やズレを感じる場を設定することで，子供は問いをつくったり，友達に関わりを求めたりしながら，対話的な学びを行っていくことができる。

③深い学び

　本実践では，知識・概念の構造図を作成し，授業を行うとともに，子供が身に付けた知識・技能を活用し，パンフレットを作成する場を設定した。このように，自分が身に付けた知識・技能を活用することが，生きて働く知識・技能を育成することになる。また，判断した内容について，ゲストティーチャー（高岡市役所観光課）に評価をしてもらうことにより，子供は学習に有用感をもち，次の学習に意欲的に取り組むことができる。

④学習問題

　学習の対象となる金屋町の特色，中心概念である地域資源の保護・活用に迫るために次のような学習問題を組み合わせた。社会的事象の具体的な事実を認識するための「どのような」，社会的事象の意味などを解釈し社会を認識するための「なぜ」，習得・獲得した知識を活用するための「どうすればよいか」である。第1次では，地域を空間的に，そして歴史的な資源を教材とするので時間的にも理解する必要がある。このような段階では，「どのような町なのだろう」「どのようにして受け継がれているのだろう」などの学習問題が有効であった。第2次では，社会的事象の意味を追究するために「なぜ」という発問が有効であるが，子供が問題意識を高めなければ，この発問は成立しない。そこで「〜なのに，なぜ〜」という学習問題が生まれるように学習を展開した。中核となる学習問題では「銅器団地でも鋳物づくりは続けられるはずなのに，なぜ金屋町で鋳物づくりを続けるのだろう」とした。このように子供が調べ，つくりあげた考えと一見，矛盾するような学習問題の工夫が①〜③で述べた主体的・対話的で深い学びのベースとなるだろう。

　　　　　　　　　　　　　　　　　　　　　　　　　　（阿久津　理）

2　5年生単元「わたしたちの生活と森林」の開発

(1) 単元「わたしたちの生活と森林」の学習内容

　本単元では，森林資源の分布や働きを追求の視点とし，森林の分布と国民の生活舞台である国土の保全を関連付けて，森林資源の果たす役割や森林資源を保護していくことの大切さを考えていくことが必要である。内容理解であれば，森林資源の分布や働き，それに従事している人々の工夫や努力を知ることでねらいは達成されるであろう。しかし，ここでは国土の環境保全について，国民一人一人の協力が必要であることに気付かせたい。これは，「持続可能な社会の構築」という環境教育の視点にも関係する。その視点を基にすると，森林を維持・管理し続けるには，人の手を加えないで守る「保護」ではなく，人が手を加えて管理していく「保全」の概念が必要になってくる。つまり，多様な主体の協力により森林を持続的に維持・管理していくことが大切なのである。

　森林の維持・管理においては，従来山林所有者が森林組合に委託する「委託型」が主な林業形態となっていた。しかしながら，外国産材の輸入による国産材の価値の低下，林業に関わる働き手の減少・高齢化等により，森林に対する魅力が低下しているのが現状である。森林を持続的に維持・管理していくためにも，森林と人が離れない社会の仕組みが重要になってくる。（下図参照）

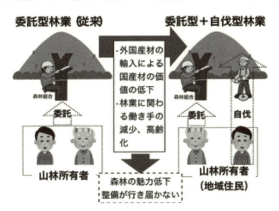

図Ⅵ-2　林業形態の変化

そこで，本単元で取り上げるのは，個人や家族，小団体が小規模に施業（仕事）と経営を行う「自伐型林業」である。自伐型林業とは，従来森林組合が行っている委託型とは異なるもので，主体は，地域に暮らす山の所有者や地域住民である。その特徴として挙げられるのが，次の３点である。

【自伐型林業の主な特徴】
1　自己所有の森林で持続的（長期的）に収入を得るため，森林の維持と収入を上げる施業（仕事）を両立することができる。
2　多世代型にもつながるため，持続性がある。
3　副業として行うことで，安定した収入を得ることができる。

　委託型では，森林の所有や境界線問題等のため，十分に整備ができない場合があるが，自伐型は自己所有のため，定期的に森林に入ることができる。そのため，人間領域が明確となり，獣も入りづらくなる。これが獣の生息領域を減らし，頭数を減らすことにもつながるのだ。このような林業形態を本単元では，富山県立山町（平成28年度から実施）の事例を基に取り上げることとした。
　立山町では，鳥獣害防止や森林保全を目的として，自伐型林業を行っている。特徴としては，町所有の森林及び機械等，管理を行う地域住民に無償で貸し出し，副業として自伐型林業に取り組んでもらっている。他県と異なる自伐型の形態ではあるが，地域住民が主体となって森林保全に取り組んでいることは変わらない。
　このように，昨今の林業は組合の委託型だけではなく，地域住民が主体となる自伐型も広がってきている。この林業形態の変化を学ぶ過程を経ることで，子供たちの認識は，森林の維持・管理は，「森林組合」から「森林組合と地域住民（＝県民）」に変化していくであろう。この認識を基にすると，森林所有者だけではなく，県民全体の森林保全に関わる一人一人の協力の必要性や意識の向上が大切であることに気付くことができると考える。ただ，委託型と自伐型どちらかに優劣を付けてはいけない。どちらの林業も森林を守り育てていくためには必要な形態であることは注意し，県民として，森林保全に関心をもって働きかける態度や，行動力を育んでいきたい。

（2）単元「わたしたちの生活と森林」の開発

① **実施学級** 富山大学人間発達科学部附属小学校　5年2組（2017年11月）
② **単元目標**
〇森林とその働き手の状況変化，委託型から自伐型林業への変化を理解するとともに，資料をもとに読み取った情報をまとめることができる。【知識・技能】
〇富山県の森林を豊かにするために，これから富山県に住む人々はどうしたらよいのか仮説を立て，自らの意見を根拠とともに説明することができる。【思考・判断・表現】
〇人や動物と森林との関わりを通して，森林資源の役割に関心をもち，森林と人の関係について意欲的に調べようとする。【主体的に学習に取り組む態度】
③ **学習指導過程**　　　　　　　　　　　　　　　　※下線部は，学習問題・中核発問

過程	教師による主な発問・指示	教師と子供の活動	期待される子供の反応
	課外わたしたちは森林とどのようにかかわっているのだろう。	C：アンケートに応える	・森林はわたしたちの飲み水になる雪解け水を蓄えている。木造住宅に住み，木材製品を使っている。
〈第1次〉個人の側からの仮説設定	1 <u>森林があると，どんなよいことがあるのだろう。</u>	T：発問する C：答える	・人にとっては水を蓄えたり空気をきれいにしたりと，森林はわたしたちの生活に欠かせないものである。動物にとっては，住処になる。
	・みなさんは，木を伐ることをどのように思っていますか。	T：発問する C：答える	・木を伐らなければ木材製品が使えない。 ・温暖化や森林破壊につながる。
	2 資料を見て，富山県は森林をどのように利用していると思いますか。	T：発問する C：資料1を見て答える	・富山県は県の約7割が森林で，森林に恵まれている。公共施設にもたくさんの木が使われているから，有効に木を利用していると思う。
	・需要・生産量の資料を見てどんなことを考えましたか。	T：発問する C：資料2を見て答える	・どうして需要量に比べて生産量がとても少ないのか。
	・<u>県産，外国産，他県産材の割合を見てどんなことを考えましたか。</u>	T：発問する C：資料3を見て答える	・富山県の木材は利用できないのか。それとも富山県の森林を減らさないようにするために，あえて伐らないのか。
	・鳥獣害の資料を見てどんなことを考えましたか。	T：発問する C：資料4を見て答える	・森に住む動物が町に出没している。富山県の森は動物にとってすみにくいのかもしれない。また，食料を蓄える栄養がないのかもしれない。
	・みなさんが考えたいことは何ですか。	T：発問する C：答える	・富山の森林を豊かにするために，誰がどのようなことを行えばよいか。
	・<u>富山県の森林を豊かにするために，これから富山県に住む人々はどうしたらよいのだろう。</u>【学習問題】	T：発問する C：予想し，話し合い後，ノートに仮説を書く	・林業で働く人が植林をしたらよい。（仮説1） ・木に元気が無いのなら，働く人が整備したらよい。（仮説2） ・農業や漁業と同じで働き手を増やしていけばよい。（仮説3）
	3 見学をして，仮説について確かめよう。	T：発問する C：見学をして調べる	・森林は減少していない。植林は10年間行っていない。現在は木を伐り利用する時代である。
	4 <u>富山県の森林はどのような様子なのだろう。</u>	T：発問する C：調べたことを基に答える	・外国産材の輸入が増えたり，働き手の高齢化と減少があったりして，森林の整備が行き届かなくなってしまっている。

Ⅵ　仮説吟味学習による単元開発

	学習活動・発問	指導上の留意点	予想される児童の反応
〈第2次〉社会の側からの仮説吟味	・これから富山県の森林を豊かにするためには、誰がどのようなことを行えばよいでしょうか。	T：発問する C：答える	・整備を行き届かせることが大切だ。そのためには、働く人を増やすことが必要だ。しかし、組合だけでは解決できない。行政や県民の協力も必要だ。 ・組合がある立山町も働き手を増やす取組を行えばよいのではないか。
	5 <u>立山町はどのような取組をしているのだろう。</u>	T：発問する C：予想し、話し合う	・働き手の人数を増やそう、立山町は組合のPRを行っているのではないか。たくさんの人数を募集する取組を行っているのではないか。
	・<u>働き手を増やせばいいのに、なぜ、立山町は、組合ではなく、一人で行う自伐型林業の取組を始めたのだろう。</u>	T：発問する C：予想し、資料5を見て話し合う	・自伐型は自分の管理する森林を定期的に整備し続ける。そのため、組合の委託型に比べて森林と関わる機会が増えるから、自伐型の取組を始めたのだと思う。
	・立山町はどのような取組をしているのだろう。	T：発問する C：話し合い後、考えを書く	・立山町は町全体の森林を豊かにするため、定期的に整備ができる自伐型林業の取組を行っている。
	6 働き手が減少する中、組合はどのような取組を行っているのだろう。	T：発問する C：予想し、話し合う	・まずは自分たちの地域を整備する取組を行っているのではないか。
	・富山県の森林が整備できてないのに、なぜ、組合は茨城県の森林を整備しているのだろう。	T：発問する C：予想し、資料6を見て話し合う	・冬に富山では雪が多いため作業ができないが、太平洋側の茨城では作業ができる。日本全体の森林を整備しようとしているのではないか。
	・働き手が減少する中、組合はどのような取組を行っているのだろう。	T：発問する C：話し合い後、考えを書く	・働き手の働く意欲を上げたり、通年働けたりできるようにして、森林を整備する取組を行っている。
	7 富山県ではどのような取組を行っているのだろう。	T：発問する C：予想し、話し合う	・県民と森林が関わることのできる取組、森林のよさを感じ取ることができるイベントを行っているのではないか。
	・「水と緑の森づくり税」についてみなさんはどのように考えますか。	T：発問する C：予想し、資料7を見て話し合う	・わたしたちは森林から酸素、水などただでたくさんのものをもらっている。それを年間500円だととても安い。もっと払ってもよいのではないか。
	・富山県で行われている取組について考えたことをまとめましょう。	T：発問する C：話し合い後、ノートに考えを書く	・普段森林に関わることができない県民も、税金で間接的に森林に関わることができるなど、森林によい取組が行われている。
〈第3次〉仮説の再設定	8 <u>富山県の森林を豊かにするために、これから富山県に住む人々はどうしたらいいのだろう。</u> ・学んだことを発信しよう。	T：発問する C：話し合い後、新聞に考えをまとめ、他者に発信する	・国や行政、森林所有者、地域住民、県民（わたしたち）それぞれができること、協力してできることがある。それぞれの役割を果たすことが富山の森林を豊かにしていくために大切だ。

2 5年生単元「わたしたちの生活と森林」の開発

【資料】
1 「富山県の森林について」：富山県『平成27年度 富山県森林・林業統計書』富山県農林水産部，2017年，2頁，86頁，87頁。
2 「富山県の木材需要量・生産量」：同上。
3 「富山県木材需給入荷量」：同上。
4 「鳥獣害について」：富山県『富山県イノシシ被害防止対策方針（案）』富山県農林水産部，2017年，2頁，3頁。
5 「自伐型林業について」：立山町役場農林課（授業者インタビューより作成）中嶋健造『別冊「環」21 ウッドファースト！』藤原書店，2016年。
6 「組合の事業について」：立山山麓森林組合（授業者インタビューより作成）
7 富山県『とやまの森を守り，育てるために。』：富山県農林水産部森林政策課

（3）単元の構成
〈第1次〉森林を保護する方法を探求する―個人の側からの仮説設定―
○ 富山県の森林を豊かにするために，富山県に住む人々はどうしたらよいのだろう。

　単元開始前に取った「森林に対するアンケート」をもとに，森林と自分たちの生活について話し合う場から単元を始めた。既習事項「県の3/4が森林」であることを基に，子供たちは，「富山県は森林が豊富で困ってない。これからもこの森林を守って行くためには，木を伐ったりせず，たくさん植えていけばいい」と考えている。そんな子供たちが，「外国産材や他県産材の大量利用」「鳥獣害の増加」といった事実に出会い，「富山の木は利用できないのか」と，問題意識をもちはじめる。県の森林の様子が気になり始めた子供たちは，「富山県の森林が元気でないのであれば，林業で働く人が植林して元気な木を増やすことを行えばよい」と仮説を立てた。

〈第2次〉森林を保全する方法を探求する―社会の側からの仮説吟味―
○ 森林は誰がどのようにして守っているのだろう。

　仮説を検証するため，県内の森林組合を見学したり，行政の方から森林の様子や働き手の現状について話を聞いたりする場を設けた。子供は，組合→行政（立山町，富山県）→県民へと視点や立場を転換しながら森林を保全する方法を捉えていった。

157

〈第3次〉学習を通して学んだことを発信する―仮説の再設定―
○ 学んだことを発信しよう。

単元を通して学んだことを新聞にまとめ，家族，そして行政や組合に発信する場を設けた。森林の公共性に気付き，保全に関する概念を形成した子供は，新聞に林業従事者への感謝の気持ちを表現したり，自分の役目を自覚したりするなど，社会参画の意識を高めた。

（4）第5時「立山町はどのような取組をしているのだろう」の実際

「整備を行き届かせるために，立山町はどのような取組をしているのだろう」（子供たちのノートより）
・行政と整備をする組合が協力していけばよい。イベントなどPR活動を行い，働き手を増やせばよい。
・行政が中心となって，組合で働く人を増やすとよい。（久美の考え）
・林業への魅力が無くなってきている。そのため，PRしても人が集まらないと思う。仕事をするのは組合だから，組合が自分たちで解決するとよい。

このような考えをもった上で，話合いの場を設けた。

教師：立山町はどのような取組を行えばよいと考えますか。
貴一：働き手を増やすには立山町が中心となればいいと思う。
輝樹：組合の働き手を増やすためにPRを行えばいいのではないか。イベントを行えば，働き手を増やすことにもつながると思う。働き手が増えればたくさん整備ができて森林が豊かになる。
理玖：働き手の課題を組合だけで解決するのは難しいよ。立山町の森林だったら，立山町も組合の働き手を増やすことに協力すればいい。
教師：立山町の取組に関する資料を提示。

子供は組合の立場から，森林の整備を捉えている。働き手の減少が課題であ

2 5年生単元「わたしたちの生活と森林」の開発

ることを知り，行政である立山町が協力して働き手を呼びかける取組をしていると考え始めた。

森林を保全していくためには，多様な主体が様々な形で協力することが必要である。そのため，子供が組合から行政に視点を転換し，働き手の増員に着目したタイミングを捉えて，教師は右の資料を提示した。資料には以下の内容が書かれている。

> ○ インターネットで働き手の募集（H28年4月より）
> →この活動は昨年度始めたものです。この取組は朝日デジタル新聞に取り上げていただきました。その記事を下に書きましたので、そちらも参考にしてください。
>
> ## 「ひとり林業」の伊藤さん
>
>
> 伊藤さん
>
> 立山町では、鳥獣害や整備の行き届いていない山に課題を抱えています。そこで、インターネットで働き手を募集し、結果、地域住民の伊藤さんを採用しました。
> ２０１６年の４月より、今までの森林組合の形とは異なる「自伐型林業」を県内でいち早く導入し、町が所有している山や、個人から依頼された整備が行き届いていない山などを対象にして、主に一人で整備しています。
> （伊藤さんは組合には入っていません）
> 自伐型林業は、全国的にも注目をあびています。

・立山町がH28年にインターネットで働き手を募集したこと。・自伐型林業の特徴。
・全国的にも注目を浴びている自伐型林業を県内でいち早く導入したこと。

〈資料提示後の様子〉

つぶやき：えっ，一人？組合に入るのではなく？どういうこと？
久美：一人じゃ少ないよ！働き手は減少しているのに！組合ではなく，自伐型って？
和歌：間伐の作業はたくさんあって大変だった。管理する森林も多いし，一人で大丈夫なの？
つぶやき：一人じゃ森林は豊かにならないよ。
勇気：組合に入ればいいのに，どうしてこの自伐型なの？
発問　「立山町は働き手を増やせばいいのに，なぜ，自伐型を取り入れたのだろう」
優子：組合は山の持ち主が組合に頼んで整備する委託型であった。この自伐型というのは，頼むことがないから自分のペースで作業ができる

Ⅵ 仮説吟味学習による単元開発

みたい。
久美：自伐型は，委託型に比べて，山へ貢献する機会が増えるね。

　この後，自伐型林業の特徴を読み取り，組合の委託型と自伐型を比較する場を設けた。久美は見学で知った，人々の森林への魅力低下を基に，「現在は人と森林が離れすぎている。この離れた状態に対して，立山町は人と森林をつなぐ橋渡しをしている」と発言した。その発言が広まり，子供たちは立山町の取組に対して，「町全体の森林を豊かにするため，人と森林をつなげようとしている」とまとめた。

【授業後のふり返り】（久美のノートより）
　立山町は，人と森林をつなげようとする取組を行っていた。森林を守っていくには自伐型もある。自伐型だと，自分のペースで作業できるから，委託型と違って常に山に関わることができるよさがある。でも，全ての林業が自伐型ではいけないと思う。組合も大切だから，組合＋自伐型が今後必要だと思う。

　このようにして，子供たちは，森林所有者だけではなく，地域住民の森林保全に関わる協力について認識を深めていった。そして，単元を通して，以下のように学習問題についてまとめた。

【学習問題に対する単元最終の考え】（久美のノートより）
　富山の森林を豊かにするためには，組合だけでは整備が行き届かない。今は伐って使うことが大切な時代だ。だから，私は，自伐型を含めた県民，組合，行政が協力して，整備していかなければいけないと思った。私はまだ子供だけれど，森林に関するイベントに参加することはできる。また，学んだ森林の良さを伝えることができる。そして，周りの人たちが森林のことを「生きていく仲間」だと思ってくれればいいと思う。

（岩山　直樹）

3 中学3年生単元「高まるデモクラシーの意識—米騒動—」の開発

(1) 単元「高まるデモクラシーの意識—米騒動—」の学習内容

今年(2018年)は,1918(大正7)年に富山湾東部沿岸地域に端を発した「大正の米騒動」から100年になる。この「大正の米騒動」は,瞬く間に全国に波及し,1道3府38県で数10万人が騒動に加わるという,歴史上例を見ない民衆蜂起となった。この「大正の米騒動」は,富山県に関わる数少ない教科書に載る歴史的事象である。人によっては,県民として恥ずかしい歴史的事象として認識しているのも事実であり,これらは個別的常識的知識であり多くの人の認識である。図VI-3は,これまでの米騒動に対する認識を表したものである。

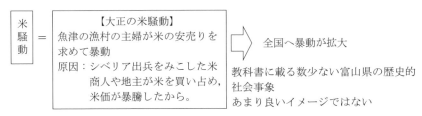

図VI-3 これまでの「米騒動」の概念図

米騒動は,1918(大正7)年に始まる「大正の米騒動」だけではない。実は,明治維新から規模こそは異なるが,富山県では,ほぼ毎年のように米騒動は発生しており,「明治の米騒動」が存在した。明治期に富山県で米騒動が起こった原因は,おもに2つである。1つ目は,都市へ人口が集中し始め,米の需要を急速に高めていたことが挙げられる。つまり米の収穫高が年々増加している一方で,米の消費総額も増えており,米の需給不均衡が生じていた。2つ目は,北海道への米の移出が原因である。北海道の人口は,屯田兵・開拓農民・出稼ぎ移住などにより増加していったが,米の生産量がその人口増加に追いつかず,米を道外からの移入に頼っていた。その米を移出したのが東北や北陸であった。とりわけ富山県が全移入米の60〜70%を占めていた。明治年間の米の収穫高は,第1位が新潟県で,第2位が富山県,第3位が福岡県であった。富山県では,今でも水田率1位の米単作地帯であるが,当時から穀倉地帯であるがゆえ

に，米の県外移出および政府の強制買い上げ米が相対的に多かった。また，それらの米は，おもに北前船による海上ルートも整っていた滑川，魚津，岩瀬，伏木などの港から移出されていた。米が値上がり

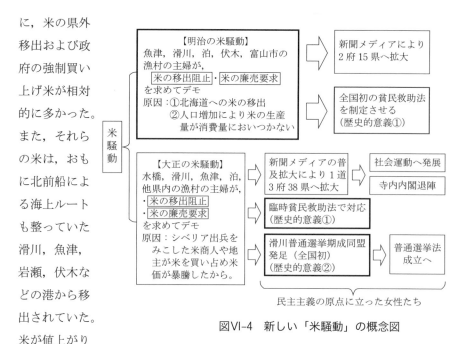

図Ⅵ-4　新しい「米騒動」の概念図

しても，都市労働者は賃金が上がるが，米を買って暮らす漁村の人たちには最も影響があり，その港町から米騒動が発生するのは当然であったといえる。このことから，米騒動は米の安売りを求めただけではなく，「米の県外移出阻止」も求めていた。図Ⅵ-4は，米騒動の事実を再構成し，図に表したものである。

　ここで，米騒動の歴史的意義について3点述べたい。「明治の米騒動」では，1889（明治22）年に「貧民救助規定」，「貧民救助法」を旧魚津町が議決し，米の廉売を行ったり，救助米を施したりした。類似の制度を大阪府が1890年10月に制定している。しかし，魚津の制度は，大阪よりも早く制度化し，かつ救助の対象が広く，全国に先駆けたものである。そして，「大正の米騒動」でも「臨時貧民救助規定」を制定し，救済策を講じていたので，全国の騒動とは違い，暴力に及ばず，唯の一俵たりとも略奪していない。全国に先駆けて「生存権」である「生活保護」という基本的人権を尊重した政策を施していたことに

3　中学3年生単元「高まるデモクラシーの意識─米騒動─」の開発

1つ目の歴史的意義がある。

　また，「大正の米騒動」は，普通選挙運動の高まりを一気に促した。旧滑川町では，富山県下最大の米騒動となり，米騒動が全国的に拡大する契機となった端緒の地である。この旧滑川で普通選挙期成同盟が結成された。この同盟には，町議会議員，工場主，商店主，有識者，中産階級の若手ら160名が参加した。この同盟は，普通選挙実現に向けて帝国議会貴族院，衆議院へ請願することなどを決議したと同時に，滑川普通選挙期成同盟会宣言書を発表した。その中に，「先頃の米騒動は無意識の普選要求だとし，騒動までに普通選挙が実施されておれば，米騒動は起きなかったであろう」と，述べている。この動きは，松山，仙台，静岡，名古屋，東京へと広がり運動が加速した。米の暴騰に無為無策で，民衆の要求に応えることのなかった時の寺内内閣は崩壊し，「大正の米騒動」から7年後の1925（大正15）年，加藤高明内閣の下，普通選挙法が成立した。このように，日本の近代において，新しい「大衆」の存在を確認することになるとともに民主主義が浸透する原動力になったことが2つ目の歴史的意義といえる。

　さて，ロシア革命は，女性らの叫びから始まった革命とも呼ばれ，連合国側に立って第1次世界大戦で生活が苦しくなる一方で，女性労働者らの「パンを!」と求める街頭デモが革命の火付け役だった。イギリスやフランスでは，パン騰貴に対して，荷馬車を差し止めるか，他の港へ小麦を積み出す船を差し止めていた。アメリカ・ニューヨークでは，婦人労働者は同盟会を組織し，高価を貪る肉店に押し寄せ指定の安さで肉を売ることを強談した。このように生活に密着した騰貴では，日本も欧米も関係なく，女性が先頭を切って立ち上がることが世界共通のできごとといえる。これらの行為は，生活の最前線に立っていた女性が倫理・道徳によって，生きるための必需品を適正な価格で売るという「モラル・エコノミー（生存のための経済）」の概念に結びつくものと考えられる。これが，3つ目の歴史的な意義である。図Ⅵ-5は，米騒動における「モラル・エコノミー」の内容を図に表したものである。

163

Ⅵ　仮説吟味学習による単元開発

ロシア：女子労働者がパンを求めて街頭デモ→ロシア革命 イギリス・フランス：他の港へ小麦を積み出す船を差し止め アメリカ：婦人労働者は同盟会を組織し，指定の安さで肉を売ることを強談 日本：漁村の主婦が，米の移出阻止・廉売要求	生活の最前線に立っていた女性が倫理・道徳によって，生きるための必需品を適正な価格で売ることを要求（歴史的意義③）

図Ⅵ-5　米騒動における「モラル・エコノミー」

（2）単元「高まるデモクラシーの意識―米騒動―」の開発

① **実施学級**　富山大学人間発達科学部附属中学校　3年1組（2018年5月）
② **単元目標**
○　米騒動の因果関係や基本的人権を尊重した政策を施していたこと，さらには大正期に民主主義の意識が高まったこと，モラル・エコノミーを表した等の歴史的意義を理解するとともに，米騒動に関する資料から，米騒動の因果関係や意義を読み取ることができる。　　　　　【知識・技能】
○　米騒動の意義について，学習課題を解決する仮説を立て吟味し，自らの意見を理由とともに説明することができる。　　　　　【思考・判断・表現】
◎　米騒動の意義について評価することができる。
　　　　　【思考・判断・表現】
○　時代背景に着目しながら，米騒動に関心を高めるとともに，課題解決に向けて意欲的に追究しようとする。　　　　　【主体的に学習に取り組む態度】

③ **学習指導過程**　　　　　　　　　　　　　　　　　　　※下線部は学習課題

過程	教師による発問・指示	期待される生徒の反応・獲得させたい知識概念
導入　米騒動についての事実認識	1 米騒動はいつ起きたのだろうか。 2 大正時代だけだろうか。　　　資料① 3 米騒動はどこで起きたのだろうか。 　　　　　　　　　　　　　　資料② 4 米騒動は，どのような人たちが中心だったのだろうか。 5 なぜ米騒動が起きたのだろうか。 6 <u>なぜ米が値上がりしたのだろうか。</u> （学習課題1）　　　　　　資料③④⑤ 7 この富山県で起き全国に広がった米騒動について，あなたはどのように思いますか。	・大正時代 ・明治時代にも起きている。 ・水橋，滑川，魚津，泊，伏木などの富山県内をはじめ，全国1道3府38県 ・漁村の主婦 ・米が値上がりして，米を買って暮らす漁村の人たちに最も影響があり，買えなくなったから。 ・明治時代→ 1）総人口の増加と都市人口の増加で米の消費量が増加し，米の供給量が不足したから。 2）富山県は，北海道への移出米が多かったから。 ・大正時代→ 　<u>シベリア出兵を見こして，米商人や地主などが米を買い占めたから。</u> ・貧しく生活が苦しく大変だったんだな。 ・女性が暴動をしてすごい，勇気がある。 ・このような暴動で富山県の名前が出て少し不名誉な感じがある。
	8 資料⑥から，疑問に思うことはないですか。　　　　　　　　　　　　資料⑥ 9 疑問に思ったことを基に，学習課題を設	・米騒動は，あまり良いイメージがないのに，どうして観光の目玉にするのだろう。 ・米騒動は，何か重要な意義があるのだろうか。 ・米騒動は，良いイメージの出来事ではないの

3　中学3年生単元「高まるデモクラシーの意識―米騒動―」の開発

第1次　米騒動が観光の目玉になる理由　個人の側からの仮説設定	定しよう。 10（例）米騒動は，富山県民である私たちにとって必ずしも良いイメージではないのに，なぜ魚津市役所の人たちは観光の目玉にするのだろうか。（学習課題2）	に，なぜ観光の目玉にするのだろうか。 ・仮説1：米騒動の意義が，見直されているのではないか。 ・仮説2：日本を変えた出来事として，評価されているのではないか。 ・仮説3：魚津市には他に観光の名所がないのではないか。 ・仮説4：女性の行動が評価されているのではないか。
第2次　米騒動の歴史的意義　社会の側からの仮説吟味	（仮説1について） 11 なぜ魚津では，米騒動がおさまったのだろうか。　　　　　　　　　　　資料⑦ 12 ロシア革命を最初に起こしたのは，どのような身分の人で，どのような理由からだろうか。　　　　　　　　　　資料⑧ 13 イギリスやフランス，アメリカの婦人の行動からどのようなことがいえるか。　　　　　　　　　　　　　　　資料⑨ （仮説2について） 14 日本を変えた出来事として，どのようなことがありますか。　　　　　資料⑩ （仮説3について） 15 魚津市にはどのような観光資源があるだろうか。　　　　　　　　　　資料⑪ （仮説4について） 16 偏見として誤解していることはないだろうか。　　　　　　　　　　　資料⑫⑬	・国に生活保護制度はなく，魚津は全国初となる貧民救助法を制定し，米の支給や安売りを行うなど福祉的対策が行われたから。（基本的人権の尊重） ・ロシアの労働婦人で「パンをよこせ」を合い言葉にデモを行ったから。 ・米騒動は，欧米と同じく倫理・道徳によって，生きるための必需品を適正な価格で売ること（モラル・エコノミー）を求めたといえ，洋の東西を問わない。 ・社会運動として全国に拡大し，藩閥内閣をたおすことになった。 ・普通選挙期成同盟が結成され，日本の普通選挙法成立に影響を与えた。（民主主義の原点） ・蜃気楼，水族館，埋没林博物館，魚津城跡等 ・民主主義の原点に女性が立った。 ・漁師の主婦らの井戸端会議は，政治，経済，文化まで幅広く，ロシア革命が話題になることもあった。
第3次　米騒動の評価　仮説の修正・再設定	17（例）米騒動は，富山県民である私たちにとって良いイメージではないのに，なぜ魚津市役所の人たちは観光の目玉にするのだろうか。（学習課題3） 18 米騒動をどのように評価すればよいだろうか。（学習課題4）	・貧民救助制度を全国に先駆けて確立するなど生活保護という基本的人権を尊重することにつながっているからではないか。 ・民主主義の原点であるといえ，観光の目玉にして，全国に広めるべきと思っているからではないか。 ・生活必需品の適正価格を求める行動は欧米も日本も同じであり，女性によるモラルエコノミーという行動であったということを伝えたいからではないか。

Ⅵ　仮説吟味学習による単元開発

【資料】
① 「富山県下　米騒動年表」：『米騒動とジャーナリズム　大正の米騒動から百年』梧桐書院，2016年，99頁，165頁。
② 「1918（大正7）年　米騒動発生地市町村略図」：同書，223頁。
③ 「伏木港の米の移出先」：同上，203頁。
④ 「北海道の米の移入玄関口の移入相手港の内訳」：同上，64～65頁。
⑤ 「明治年間の米の収穫高と消費額」：同上，44頁。
⑥ 「地方史研究家」：『米騒動100年』北日本新聞，2018年1月7日付。
⑦ 「米騒動に学ぶ―発祥の地魚津発」：『税経新報 No.641』税経新人会全国協議会，2016年，52～53頁。
⑧ 「ロシア革命」：『学び考える歴史』浜島書店，2015年，166頁。
⑨ 「自立を始めた新聞と民衆」：前掲書①，144頁，211～213頁。
⑩ 「米騒動以後のジャーナル」：同上，376～378頁。
⑪ 「魚津絵エリアマップ」：『魚津市観光パンフレット』魚津市，4～5頁。
⑫ 「木から石へ　願い実現」：『米騒動100年』北日本新聞，2018年1月5日付。
⑬ 「米騒動と女一揆」：『魚津フォーラム　米騒動を知る』桂書房，2013年，157～160頁。

（3）単元の構成
〈第1次〉米騒動が観光の目玉になる理由―個人の側からの仮説設定―

　まずはじめに課題設定である。米騒動に対する負のイメージが多い中で，新聞資料を見ると，魚津が米騒動を観光の目玉にするということで，「なぜ」という疑問が生じる。その「なぜ」の内容から，単元全体を貫く学習課題を「米騒動は，富山県民にとって良いイメージの出来事ではないのに，なぜ魚津市役所は観光の目玉にするのだろうか。」という課題を生徒と設定する。次に学習課題に対する仮説を設定する。「米騒動の意義が，見直されているのではないか（仮説1）」「日本を変えた出来事として，評価されているのではないか（仮説2）」「魚津市には他に観光の名所がないのではないか（仮説3）」「女性の行動が評価されているのではないか（仮説4）」等，複数の仮説を設定した。左の写真は，第1次でクラス全員の仮説を分類した場面である。

仮説設定の様子

3 中学3年生単元「高まるデモクラシーの意識―米騒動―」の開発

〈第2次〉米騒動の歴史的意義―社会の側からの仮説吟味―

　仮説の根拠を資料で確かめることを通して，社会システムを認識させ，よりよい仮説を導き出す。第一に魚津では全国に先駆けて「生存権」である「生活保護」という基本的人権を尊重した政策を施していたこと，第二に米騒動が藩閥内閣を崩壊させ普通選挙法が成立するなど民主主義が浸透する原動力になったことなどの歴史的な意義，第三に米騒動には欧米と同じく倫理・道徳によって，生きるための必需品を適正な価格で売ることを求めるモラル・エコノミーの行動を見いだせること，以上三点が明らかになる。この三点が，米騒動を観光の目玉となることとして認識できる。

〈第3次〉米騒動の評価―仮説の修正・再設定―

　「米騒動は，良いイメージの出来事ではないのに，なぜ観光の目玉にするのだろうか」という同じ問いに対して，再び仮説を設定する。その仮説が社会システムの内容をふまえ，魚津市の立場に立ったより客観的な内容の仮説に成長していれば，「社会的な見方・考え方」も成長しているといえるだろう。そして，「米騒動をどのように評価すればよいだろうか」という学習課題により，米騒動に対する生徒の解釈を明らかにさせ，評価させた。

(4) 生徒の仮説の変容

　ここで表Ⅵ-1で抽出生徒3人が授業を通して，仮説が変容した内容を紹介

表Ⅵ-1　抽出生徒A・B・Cの仮説設定の変容

生徒	一富山県民としての仮説設定 ⇒	修正・再設定した仮説
A	「米騒動にはあまり知られていないよいイメージをもつようなドラマがあって，それを前面に出してPRしようとしているから」	「普通選挙法の原点を主張したり，生活保護などの基本的人権を尊重する制度で対応したりしたことを全国にPRしていくためではないか」
B	「米騒動に関するよい事実・歴史を広く知ってもらうためではないか」	「生活保護制度の先駆けとなったり女性の権利や地位の向上，社会での活躍の第一歩となったり現代社会の仕組みにつながっており後世に伝えていき多くの人に知ってもらうため」
C	「米騒動がなぜ起きたのかを資料にすることで，観光にもでき学ばせることもできるから」	「米騒動はモラル・エコノミーを行動であらわした歴史的意義があり後世や全国に伝えていこうと考えていたから」

167

したい。表Ⅵ-1の左側は，第1次の発問10「米騒動は，富山県民である私たちにとって必ずしも良いイメージではないのに，なぜ魚津市役所の人たちは観光の目玉にするのだろうか」で設定した仮説を示している。右側は，第3次の発問17「米騒動は，富山県民である私たちにとって必ずしも良いイメージではないのに，なぜ魚津市役所の人たちは観光の目玉にするのだろうか」で修正・再設定した仮説を示している。

　抽出生徒Aは，第1次では「あまり知られていないよいイメージをもつようなドラマがあって」というふうに抽象的な内容でとどまっている。第3次では，「普通選挙法の原点を主張したり，生活保護などの基本的人権を尊重する制度で対応したり」という記述内容が見られ，歴史的意義①「全国初の貧民救助法を制定させる」・歴史的意義②「滑川普通選挙期成同盟発足」を活用した仮説に修正・再設定し仮説の質を高めている。また，抽出生徒Bも，第1次では「よい事実・歴史を広く知ってもらう」というふうに抽象的な内容でとどまっている。第3次では，「女性の権利や地位の向上，社会での活躍の第一歩となったり」という記述内容から，「女性が民主主義の原点となった米騒動の立役者」という意義を活用した仮説に修正している。そして，抽出生徒Cも，第1次では「なぜ起きたのかを資料にすることで観光にもでき学ばせることもできる」というふうにやはり抽象的な内容で仮説を設定している。第3次では，「モラル・エコノミーを行動であらわした歴史的意義があり」という記述内容が見られ，歴史的意義③「倫理・道徳によって生きるための必需品を適正な価格で売ることを要求」する「モラル・エコノミー」を活用した仮説に修正し仮説の質を高めていることがわかる。

（龍瀧　治宏）

【編著者紹介】

岡﨑　誠司（おかざき　せいじ）

1957年　広島市に生まれる。
広島大学教育学部・広島大学大学院教育学研究科を経て，その間，広島市立亀山小学校教諭，広島大学附属小学校教諭を務める。
2005年　富山大学人間発達科学部教授・博士（教育学）
2010年～2013年　富山大学人間発達科学部附属小学校校長（併任）

【主な著書】

『「提案する社会科」の授業　1』（共著）明治図書，1994年
『「提案する社会科」の授業　2』（共著）明治図書，1994年
『社会科の発問　If-then でどう変わるか』（単著）明治図書，1995年
『夢を育てる社会科学習』（共著）東京書籍，2000年
『小学校　基礎学力の探究　5年』（共著）学校図書，2001年
『社会認識教育の構造改革—ニュー・パースペクティブにもとづく授業開発』
　（共著）明治図書，2006年
『社会科教材の論点・争点と授業づくり　10巻　"戦争と平和"をめぐる論点・争点と授業づくり』（共著）明治図書，2006年
『変動する社会の認識形成をめざす小学校社会科授業開発研究—仮説吟味学習による社会科教育内容の改革—』（単著）風間書房，2009年
『小学校教科教育論—授業づくりの視点と方法—』（共著）富山大学出版会，2009年
『新　社会科教育学ハンドブック』（共著）明治図書，2012年
『社会科の授業改善1　見方考え方を成長させる社会科授業の創造』（単著）風間書房，2013年

社会科の授業改善　2
社会科授業4タイプから仮説吟味学習へ
—「主体的・対話的で深い学び」の実現—

2018年11月5日　初版第1刷発行

編著者　　岡﨑誠司
発行者　　風間敬子
発行所　　株式会社　風間書房
　〒101-0051　東京都千代田区神田神保町1-34
　　電話 03(3291)5729　FAX 03(3291)5757
　　　　　　　　振替 00110-5-1853

印刷　堀江制作・平河工業社　　製本　井上製本所

©2018 Seiji Okazaki　　　　　　　　　　NDC分類：375.3
ISBN978-4-7599-2242-4　　Printed in Japan

JCOPY 〈(社)出版者著作権管理機構　委託出版物〉
本書の無断複製は、著作権法上での例外を除き禁じられています。複製される場合はそのつど事前に (社)出版者著作権管理機構（電話 03-3513-6969、FAX 03-3513-6979、e-mail: info@jcopy.or.jp）の許諾を得て下さい。